El verdadero significado de
LA NAVIDAD

EL VERDADERO SIGNIFICADO DE
LA NAVIDAD

El nacimiento de Jesús y los orígenes de la celebración de este tiempo

Michael Patrick Barber

Prólogo de John C. Cavadini

IGNATIUS PRESS
San Francisco

AUGUSTINE INSTITUTE
Greenwood Village, CO

A menos que se indique lo contrario, las citas de las Escrituras están tomadas de la versión estándar revisada de la cuarta edición en castellano de la Biblia de Jerusalén (Barcelona, Editorial Desclée de Brouwer 2009).

Traducido por Luis Soto, Intercultural Ltd.
Diseño de portada por Ben Dybas.

Arte de la portada:
La adoración de los pastores de Bartolomé Murillo, 1668/1669.
Diseño de la portada por Ben Dybas

A mis padres, Patrick y Theresa Barber,
quienes me enseñaron por primera vez
el verdadero significado de la Navidad.

Contenido

Prólogo

de John C. Cavadini

A principios del siglo III Orígenes de Alejandría el brillante catequista, exégeta y apologista escribió uno de los pasajes más hermosos que nos legó desde la antigüedad patrística; aunque el griego original se ha perdido todavía brilla la traducción latina en la cual se conservó. Por medio de este delgado hilo de testimonio ha sobrevivido hasta nuestros días para despertar de nuevo en cada época la maravilla eterna de la Encarnación.

Orígenes invita al lector primero a contemplar la majestad de la naturaleza divina de la Palabra de Dios que es tan grande que la Escritura la llama "la imagen de Dios invisible" (Colosenses 1,15), que "en él fueron creadas todas las cosas, en los cielos y en la tierra, las visibles y las invisibles, los Tronos, las Dominaciones, los Principados, las Potestades: todo fue creado por él y para él" (Colosenses 1,16),[1] su naturaleza es "nada más que la naturaleza primordial e inefable de la deidad".[2] A continuación, con su contemplación Orígenes pareciera concluir: "Porque es imposible poner por escrito todo lo que pertenece a la gloria del Salvador".[3]

Pero luego, habiendo ascendido a la cumbre de la contemplación de esta gloria, encontramos un nuevo e inesperado

---

1 Orígenes, *On First Principles* 2.6.1, trad. G. W. Butterworth (repr., Notre Dame, IN: Ave Maria Press, 2013), 135, con pequeñas adaptaciones.
2 Ibídem., 2.6.2.
3 Ibídem., 2.6.1.

panorama revelado a nuestra mirada: "Cuando, por tanto, consideramos estas grandes y maravillosas verdades sobre la naturaleza del Hijo de Dios, estamos perdidos en el más profundo asombro de que tal ser, que se eleva por encima de todo, se 'despojó' (Filipenses 2,7) de su condición majestuosa y se haya hecho hombre y habitó entre los hombres". Como están registradas en las Escrituras y confirmado por los milagros realizados por el Hijo y por las palabras inspiradas por el Espíritu del profeta y apóstol por igual, nada menos que el Padre mismo da testimonio (Mateo 3,17; Marcos 1,11; Lucas 3,22; cfr. Juan 1,34).

Orígenes continua,

> Pero de todas las cosas maravillosas y espléndidas de Él, hay una que trasciende por completo los límites de la maravilla humana y está más allá de la capacidad de nuestra débil inteligencia mortal para pensar o comprender cómo este gran poder de la majestad divina, la misma Palabra del Padre y la misma Sabiduría de Dios, en la que fueron "creadas todas las cosas... las visibles y las invisibles" (Colosenses 1,16) existió dentro del alcance de aquel hombre que apareció en Judea y creer cómo la sabiduría de Dios pudo haber entrado en el vientre de una mujer y haber nacido como un niño pequeño y emitir ruidos como los de los niños que lloran; y además, cómo fue que se turbó, como se nos dice, en la hora de la muerte, como él mismo confiesa cuando dice: "Mi alma está triste hasta el punto de morir" (Mateo 26,38; Marcos 14,34) y, cómo al final fue conducido a esa muerte que los hombres consideran la más vergonzosa de todas, aunque al tercer día resucitó.[4]

Nótese que precisamente lo que se presenta en este pasaje sorprendente más allá de la maravilla, es que Él, que ya tenía

---

4 Ibídem., 2.6.2.

derecho a nuestro asombro debido a su majestad divina, "se despojó de sí mismo" (Filipenses 2,7). Que Él dejara a un lado tal majestuosidad es inimaginable especialmente para la cultura de la época de Orígenes e igualmente para la nuestra, obsesionada con el estatus y el rango, el prestigio y la celebridad. Sin embargo, ¡lo hizo! Incluso hasta el punto de la gestación en el útero de una mujer y el nacimiento como un niño, llorando como lo hacen todos los niños pequeños. ¡Qué indigno! Más indigno incluso que la humillación de la crucifixión, ya que al menos una muerte así puede sobrellevarse con nobleza mientras no puede haber un porte noble en el llanto de un niño.

Empero esa es la maravilla de la Navidad, el nacimiento de un niño que llora desde el vientre de una madre a una vida donde el sufrimiento es invariablemente su destino. Su maravilla es, en cierto modo, su propia familiaridad.

¿Qué maravilloso amor es este, alma mía, alma mía?
¿Qué maravilloso amor es este, alma mía?
¿Qué maravilloso amor es este que causó al Señor de la
   Bienaventuranza
llevar la terrible maldición por mi alma, por mi alma?
¿Para soportar la terrible maldición por mi alma? ("What
   Wondrous Love Is This")

La familiaridad demasiado natural del estado humano en el que nace la Palabra marca el maravilloso don del amor que se vacía a sí mismo y que incluso exige nuestra capacidad para asombrarnos

Cuando, por lo tanto, vemos en él algunas cosas tan humanas que de ninguna manera parecen diferir de la fragilidad común de los mortales, y algunas cosas tan divinas que no son apropiadas para nada más que la naturaleza primaria e

> inefable de la deidad, el entendimiento humano con sus estre-
> chos límites está desconcertado y golpeado con asombro ante
> tan poderosa maravilla que no sabe qué camino tomar, en qué
> ocuparse o adónde dirigirse.[5]

Nuestro entendimiento es "estrecho" no sólo porque es finito
sino porque es "mortal", es decir, acorralado por la "maldición" de nuestro propio estado, tan frágil, tan sujeto a tanta
pérdida irreparable, o eso parece. Tenemos miedo de amar.
Tenemos miedo de amar como lo hizo la Palabra, de vaciar-
nos a nosotros mismos en tal pérdida. La misma suntuosidad
del amor auto-vaciado de la Palabra desafía nuestros estrechos
límites para proclamar que "pronunciar estas cosas en los
oídos humanos y explicarlas con palabras excede con creces
los poderes que poseemos, ya sea en nuestro valor moral o en
la mente y el habla."[6]

Pero según Orígenes, estamos en buena compañía, ya
que pronunciar estas cosas como deben ser pronunciadas
¡"trasciende la capacidad incluso de los santos apóstoles; más
aún, quizás la explicación de este misterio está más allá del
alcance de toda la creación de los seres celestiales"![7] ¡Oh maravilloso misterio!

Barber nos recuerda que, por supuesto, los "seres celestiales", los ángeles, sí dan testimonio, precisamente del auto-
vaciarse de la Palabra porque ellos no vienen al rescate de este
Príncipe de Paz como podrían llegar los soldados del César a
su rescate (ver p. 122) pero cantan el gozo (Lucas 2,10) de tan
gran regalo de amor. Incluso las estrellas participan. El acto de
amor del Señor expone la mentira del diablo de que no existe
tal cosa como el amor y así permite a los magos escapar del

---

5   Ibídem.
6   Ibídem.
7   Ibídem.

hechizo de la astrología (ver p. 131) y que las estrellas sean liberadas de su esclavitud a la magia del diablo. Pueden recordar y proclamar con alegría este amor que es el mismo amor en el que fueron creados, son libres de ser simplemente ellos mismos y ahora guían felizmente a los magos y al lector de los Evangelios junto a ellos, hacia la gloria auto-vaciada del Salvador, la gloria en la que el mundo fue creado y ahora incluso se está convirtiendo en "una nueva creación" (ver pág. 82–83).

¿Posiblemente puede esta gloria magnífica y la maravilla que evoca abrir su camino en nuestros corazones estrechos y cerrados? ¿Podemos aprender a "vivir a la sombra de este misterio", donde, como menciona Orígenes, "está Cristo sentado a la diestra de Dios" (Colosenses 3,1)?[8] ¡Sí!— porque el misterio de este amor impresionante que se vacía a sí mismo, aunque su concepción es milagrosa, no viene con ninguna de las fanfarrias de un milagro tan poderoso, sino que se *esconde con Cristo* en el encanto seductor y la vida íntima de una familia. El misterio de la Encarnación es, por lo tanto, el misterio mismo de la Navidad.

Orígenes señala especialmente el papel de San José en mantener este misterio oculto. José mismo ocupa un espacio de soterramiento, es "fácil de olvidar" ya que "se desvanece silenciosamente en el fondo" (ver p. 88). Su identidad como "carpintero real" (ver p. 88) nos muestra que él también está configurado para el misterio del auto-vaciamiento divino. Orígenes comenta que es debido a San José que la concepción virginal y la procreación del Salvador por María se mantienen ocultas del maligno.[9] El milagro es recibido en la intimidad del matrimonio y la familia, escondidos allí, acogidos allí, no sólo por la "gracia" de María, sino por el "justo" San José

---

8   Ibídem., 2.6.7.

9   Orígenes, *Homilies on the Gospel of Luke* 6.4. Para estos pasajes, véase John C. Cavadini, "The Fatherly Heart of St. Joseph," *Church Life Journal*, January 26, 2001, https://churchlife journal.nd.edu/articles/the-fatherly-heart-of-saint-joseph/.

cuya protección solicitada y la provisión de un Hijo que no es naturalmente suyo teje un manto de invisibilidad, de amor paterno alrededor de toda esta familia, una exhibición de "necedad" que el diablo no puede ver a través de él porque quien no cree en el amor espera que cualquier poder divino que valga la pena sea presentado en una exhibición intimidante y deslumbrante. Pero la "necedad divina es más sabia que la sabiduría de los hombres y, la debilidad divina más fuerte que la fuerza de los hombres" (1 Corintios 1,25).[10] La mirada del diablo no puede ver más allá de la bruma del amor, del compartir corazones, probado por las luchas y animado por la profecía que es la vida de esta familia. Como exclama el villancico navideño "O Little Town of Bethlehem" (Oh pueblecito de Belén), "¡Qué silencioso, qué silencioso se da el regalo maravilloso!" —anunciado sólo por los ángeles y sólo en el silencio muerto de la medianoche.

Casi tan silenciosamente lo hace este pequeño libro en el que el lector está a punto de embarcarse, trabajar para recuperar "la página sagrada" de la Escritura como la misma "alma de la teología sagrada."[11] Sin ninguna exhibición particular que marque su erudición, su uso de consideraciones contextuales históricas, honrando la autoría humana de la Escritura, desplegada al servicio de una interpretación de la Escritura como un todo inspirado, debidamente contextualizada en sus propias páginas y en la Tradición de la Iglesia, honra igualmente su autoría divina.[12]

¿No es este enfoque en sí mismo también una forma de honrar la maravilla de la Encarnación? "En efecto, las palabras de Dios, expresadas en lenguaje humano, son en todos los sentidos como el habla humana, así como la Palabra del

---

10 Ver ibídem., 6.5.

11 Concilio Vaticano II, Constitución Dogmática sobre la Revelación Divina *Dei Verbum* (Noviembre 18, 1965), no. 24.

12 Ibídem., 11–12.

Padre eterno cuando tomó sobre sí la débil carne de los seres humanos, se volvió como ellos."[13]

La Escritura es en sí misma una maravilla de la Encarnación proclamando la historia de Jesús que no es simplemente "una metáfora o un símbolo" o para decirlo sin rodeos, un mito (ver p. 141), sino más bien un misterio escondido sin fanfarria en el seno de una familia pobre e igualmente humildemente escondido en las palabras hospitalariamente humanas de la Sagrada Escritura. ¿Podemos desarrollar una pedagogía verdaderamente bíblica de la maravilla acorde con el misterio oculto en la Biblia? Eso es lo que nos ofrece Michael Patrick Barber. Al igual que escribe Orígenes "persigamos nuestra contemplación con todo temor y reverencia... de tal manera que nada indigno o impropio pueda pensarse que reside en esa existencia divina e inefable ni pretender que los acontecimientos de su vida sean las ilusiones causadas por mitos engañosos".[14] Porque "el carácter divino de la Escritura está oculto bajo un estilo pobre y humilde, 'llevamos este tesoro en recipientes de barro' (2 Corintios 4,7)"[15] siendo la gloria de la Escritura.

¡Oh maravilloso misterio! "¡Cristo nuestro Dios a la tierra desciende!" (ver p. 147).

¡Esta Navidad, y para muchas por venir, que este pequeño libro ayude a que tal misterio renazca en nuestros propios corazones maravillados!

---

13 Ibídem., 13.
14 Orígenes, *On First Principles* 2.6.2.
15 Ibid., 4.1.7.

1

"Estaré en mi casa esta Navidad":
Una introducción

Pero es Navidad.

Esas tres pequeñas palabras son casi irrefutables. Detrás de ellas hay una apelación a una suposición tácita, en Navidad podemos esperar más los unos de los otros, en esta época del año nos esforzamos por ser mejores.

Nadie expresó más elocuentemente las elevadas aspiraciones que la gente tiene de esta temporada que Charles Dickens. Cerca del inicio de su historia inmortal, Un cuento de Navidad, encontramos a Fred explicando a su tío Scrooge por qué la Navidad es única:

> [La Navidad es] un tiempo amable, indulgente, caritativo y agradable: el único momento que çonozco, en el largo calendario del año, en que hombres y mujeres parecen, por unanimidad, consentir en abrir libremente sus corazones callados y pensar en las personas que están por debajo de ellos como si realmente fueran compañeros de viaje a la tumba.

Scrooge, por supuesto, no acepta nada de eso. Su respuesta desdeñosa a quienes tanto aprecian esta época es bien conocida: "¡Bah! Embuste". Sin embargo, como casi todo el mundo lo sabe, una serie de encuentros con fantasmas célebremente memorables cambia su manera de pensar. Más aun, no solo Scrooge se ve afectado.

La novela de Dickens ha dejado una huella imborrable en la forma en que la gente piensa sobre la Navidad. Esto no quiere decir que la Navidad no se hubiera observado antes de la época de Dickens; sin duda lo fue; más adelante en este libro discutiremos el desarrollo de la celebración de Navidad. Por ahora, simplemente podemos señalar que a finales de los años 300 la fiesta del nacimiento de Cristo ya se estaba convirtiendo en un día santo importante para los primeros cristianos. Se le llamó la "natividad", del latín *nativitas*, que significa "nacimiento". En una homilía pronunciada en algún momento entre el año 386 d.C. y el 388 d.C., el antiguo predicador cristiano Juan Crisóstomo lo llama "el jefe y la madre de todos los días santos".[1]

Empero, a pesar de que los cristianos vieron la Navidad como un día importante, no siempre ha sido la fiesta principal ni el evento cultural como es reconocido hoy en día. Así, al final de este libro veremos que en la década de 1600 la Navidad incluso fue prohibida durante un tiempo tanto en Inglaterra como en ciertas colonias americanas. Sorprendentemente no fueron los ateos los que se opusieron, sino ciertos cristianos autoproclamados. En la época de Dickens ya no era ilegal. No obstante, Dickens tuvo un papel importante en la transformación de este día en una ocasión de fiesta a algo más conmovedor.[2]

La magia de la Navidad

Hoy la Navidad es algo más que una fiesta, es la época que se asocia con nuestros anhelos más profundos expresados a menudo en la música navideña.

---

1   Juan Crisóstomo, *Homilies VI against the Anomoeans* 6.23, trans. Paul W. Harkins, en *On the Incomprehensible Nature of God* (Washington, DC: Catholic University of America Press, 1984), 174.
2   Ver Timothy Larsen, "The Nineteenth Century," en *The Oxford Handbook of Christmas*, ed. Timothy Larsen (Oxford: Oxford University Press, 2020), 35–50.

Mientras que algunas canciones de esta temporada son simplemente ingenuas muchas de las más memorables conectan el día de Navidad con los asuntos más cercanos a nuestros corazones. Considera estas líneas familiares:

Estaré en mi casa esta Navidad
Quiero estar contigo al menos de corazón. ("Estaré en mi
   casa esta Navidad")

Oh, blanca Navidad, nieva
Un blanco sueño y un cantar
La nostalgia vuelve al hogar
Al llegar la blanca Navidad. ("Blanca Navidad")

La Navidad se asocia con *soñar*, y soñar con cosas que son especialmente queridas para nosotros. En Navidad nuestros pensamientos se vuelven hacia nuestros seres queridos y hacia la noción de volver a casa.

La Navidad también se asocia con la *magia*. Nadie, al menos en mi experiencia, habla del Día del Trabajo o del Día de Año Nuevo como "mágico". ¿Magia navideña? Todo el mundo ha oído hablar de *ello*.

También existe la sensación de que la Navidad es un momento para estar agradecidos por lo que tenemos en el presente como nos lo muestra la letra de una canción en inglés:

Aquí estamos como en los viejos tiempos
Felices días dorados de antaño
Amigos fieles que son queridos por nosotros
Reúnanse cerca de nosotros una vez más. ("Have Yourself a
   Merry Little Christmas")

El concepto de reunirnos con nuestros amigos "una vez más" es conmovedor; no estamos seguros de cuántas reuniones futuras habrá con ellos, algún día el presente se convertirá en los "días dorados de antaño".

El verdadero significado de la Navidad

Nuestras expectativas para la Navidad son a menudo fijadas como imposibles por lo que no es sorprendente que la gente a menudo se sienta defraudada al final de la temporada. Hay muchas razones para ello. Por un lado, medimos nuestras experiencias del presente por nuestras memorias del pasado. Dado que nuestros recuerdos a menudo se idealizan la Navidad de hoy puede palidecer fácilmente en comparación con las de antaño. Además, nuestra perspectiva para la Navidad a menudo se reduce al descubrir que las historias de la "magia" de la Navidad fueron inventadas o muy exageradas lo que puede conducir a una especie de cinismo. Muchos concluyen que la Navidad no es, a la final, tan buena como la pintan. Tal vez no pueda haber regreso a casa.

Aunque hay algunos engaños sobre la Navidad y sus orígenes me gustaría aclarar que mi enfoque en este libro no está en acabar con los mitos. En cambio, argumentaré que la Navidad solo puede ser decepcionante cuando se olvida su verdadero significado. Demostraré que cuando entendamos de qué se trata *realmente* la Navidad, nunca nos podrá defraudar. Como veremos, la Navidad implica una invitación a un regreso a casa que supera nuestros anhelos más profundos. El problema es que la mayoría de la gente no conoce la historia de la Navidad lo suficientemente bien. El propósito de los aspectos clave de la celebración navideña a menudo se han olvidado.

La Navidad como "Misa de Cristo"

Volvamos por un momento a la famosa historia de Dickens sobre Scrooge. Cuando Fred le explica a su miserable tío por qué la Navidad es tan especial, comienza con una declaración clave; antes de hablar de la Navidad como una temporada amable y caritativa hace una observación de vital importancia. Le dice que la Navidad debe ser "venerada" *"debido a su nombre sagrado y origen"* (sin énfasis en el original). Dickens es sutil pero su significado es inconfundible. Para Fred (y para Dickens), la Navidad es sagrada porque como su nombre nos revela, se trata de *Cristo*.

Para Dickens, esta es la primera razón por la que la Navidad es especial. Todas las asociaciones que Fred hace con la temporada —su relación con la alegría y la buena voluntad— están ancladas en el reconocimiento de que se trata principalmente de Jesús. Esta es la razón por la que Fred no se limita a decir que la Navidad debe ser "celebrada"; para Fred, el día debe ser "venerado".

Por lo que puedo recordar además nunca he visto una versión televisiva o cinematográfica del libro de Dickens que incluya esta dimensión de la explicación de Fred lo que es profundamente preocupante. Al omitir este detalle, los recuentos de la historia clásica de Dickens vacían su visión de la Navidad reduciéndola a poco más que una temporada de sentimentalismo.

Hay otro elemento de la historia de Dickens que normalmente se deja fuera de las adaptaciones de la misma. Cuando Scrooge se despierta y descubre que no se ha perdido la Navidad, el hombre ahora convertido, que se presenta en el primer capítulo como un "viejo pecador codicioso", hace algo conmovedor. Antes de dirigirse a la casa de Bob Cratchit con regalos para Tiny Tim y su familia, tiene otra prioridad. Cuando Scrooge sale de su casa, Dickens dice: "Fue a la iglesia". Tampoco recuerdo haber visto nunca una representación de la presencia de Scrooge en un servicio religioso en versiones cinematográficas del cuento de Dickens.

La última frase de *Un cuento de Navidad* anuncia que Scrooge "sabía cómo mantener bien la Navidad". Dickens no lo explica pero seguramente sabía que su público relacionaría ir a la iglesia con observar la Navidad correctamente. Para Dickens ir a la iglesia era un aspecto esencial de la Navidad. *Así como no hay "Navidad" sin Cristo, tampoco hay Navidad sin "Misa".* "Navidad" significa literalmente "Misa de Cristo". En los días de la Iglesia de Inglaterra de Dickens, no era inusual que los servicios de la iglesia se llamaran "Misa", un término que muchos anglicanos todavía usan hoy en día. Para Dickens la Navidad estaría incompleta sin ir a la iglesia. Como veremos, esta es una idea que está profundamente arraigada en la representación que hace la Biblia del nacimiento de Jesús.

Lo que todo el mundo debería saber sobre la Navidad

Este libro es para personas que quieren profundizar en su experiencia de la época navideña. Mostraré cómo para encontrar nuestro camino "a casa" en Navidad, primero necesitamos regresar a la casa de la Navidad en la historia de la Biblia. Sólo reflexionando cuidadosamente sobre las historias del nacimiento de Jesús podemos esperar celebrar la Navidad de la manera en que está destinada a ser celebrada. Solo entonces descubriremos la verdadera alegría que promete.

Los últimos capítulos de este libro también exploran el desarrollo de la Navidad por lo que entre otras cosas veremos lo siguiente:

- Cómo llegó la Navidad a celebrarse el 25 de diciembre
- Por qué hay "Doce Días" de Navidad
- La transformación de San Nicolás en Santa Claus
- El simbolismo que dio lugar al uso de los árboles de Navidad

Prácticamente en cada momento veremos cómo la Navidad nos trae de vuelta a las lecciones enseñadas en la Biblia. Lo que descubriremos es que la historia de la Navidad enfatiza que Dios nos ha enviado al Hijo para llevarnos a la comunión. Los principales actores en los relatos evangélicos del nacimiento de Jesús —Zacarías, Isabel, María, José, los pastores y los reyes magos— son más que "personajes". Son parte de una familia—la familia de Dios—a la que estamos invitados.

Para comenzar nuestro debate centrémonos en el corazón de la Navidad: *Cristo*. ¿Por qué Jesús es llamado por este nombre? ¿Qué nos dice de Él y por qué es importante para la celebración actual de la Navidad? Para responder a estas preguntas necesitamos volver atrás y leer las historias acerca de Jesús en su contexto original, es decir, el mundo judío del primer siglo.

2

"¡Oh ven!, ¡Oh ven, Emanuel!": Antiguas esperanzas judías por un Mesías.

Era tarde en la noche y todavía tenía un largo camino que recorrer por delante de mí. Sabía que necesitaba encontrar una manera de mantenerme despierto y alerta, escuchar música no ayudaba así que encendí la radio del coche. Encontré un programa que estaba discutiendo el impacto del cristianismo en el mundo. Resultó ser justo lo que necesitaba, pero no por las razones que esperaba.

El anfitrión explicó que, aunque no era cristiano, quería hablar del cristianismo de una manera respetuosa. Desafortunadamente, lo que tenía que decir expuso su profunda ignorancia de la fe. Se refirió repetidamente a Jesús como "Señor Cristo". Fue exasperante, pero también lo admito, bastante divertido. Encender la radio fue el movimiento correcto. Ahora estaba despierto.

"Cristo" no era el apellido de Jesús. Los judíos antiguos no tenían apellidos. Cuando José y María caminaban por la ciudad no se dirigían a ellos como "El Señor y la Señora Cristo". Entonces, ¿cómo llegó Jesús a ser Jesucristo?

En este capítulo exploraremos el significado de la palabra "Cristo" que quiere decir "Mesías" de acuerdo a las antiguas expectativas semitas. Para los judíos en tiempos de Jesús, la venida de un mesías representaba nada menos que la realización de todas las promesas de Dios. Este capítulo explicará en el proceso las palabras del conocido himno originalmente en latín "O Come, O Come, Emmanuel", cuya letra en inglés fue traducida por John Mason Neale en 1861 y del cual encontramos también su versión en español:

¡Oh ven!, ¡oh ven, Emanuel!
Libra al cautivo Israel,
Que sufre desterrado aquí,
Y espera al Hijo de David.

¿Qué significa "Emanuel"? ¿Por qué Israel necesita ser "liberado" del "destierro"? Como veremos las palabras de la canción encierran maravillosamente aspectos claves de las antiguas expectativas judías que también reflejan nuestros propios anhelos: nuestro anhelo de escapar del "destierro" y regresar a casa.

Israel cautivo

En la época de Jesús parecía que Roma había conquistado el mundo. Los romanos se referían a su dominación como "paz" pero esta no era la palabra que los judíos habrían elegido. Dirigidas por el general Pompeyo, las fuerzas romanas invadieron Jerusalén en el año 63 a.C., profanaron el templo y afirmaron su dominio sobre la tierra. Si bien la situación parecía sombría, aquellos que conocían las Escrituras entendían dos cosas. Primero, los judíos creían que sus enemigos habían triunfado sobre ellos por una razón y segundo, confiaban en que Dios tenía un plan para salvarlos. Sin entender estos aspectos no podemos interpretar adecuadamente los relatos del nacimiento de Jesús en el Nuevo Testamento.

Exilio solitario

Justo antes de su muerte en el libro del Deuteronomio, Moisés pronuncia una serie de discursos a Israel donde les ofrece una vista previa de lo que le sucederá a su pueblo en el futuro, les dice que si guardan los mandamientos de Dios prosperarán en la Tierra Prometida y estarán a salvo de sus enemigos (Deuteronomio 28,1–14). Sin embargo, Moisés también les advierte que si desobedecen la ley de Dios se desencadenarán una serie de castigos divinos. Leemos:

> "Yahvé hará que sucumbas ante tus enemigos... Yahvé levantará contra ti una nación venida de lejos... una nación con rostro fiero, que no respetará al anciano ni tendrá compasión del muchacho". (Deuteronomio 28,25, 49–51)

Al final, Moisés declara que Israel caerá en pecado y sus enemigos los llevarán al exilio: "Yahvé te dispersará entre todos los pueblos, de un extremo a otro de la tierra". (Deuteronomio 28,64).

Los judíos en los tiempos de Jesús entendieron que Moisés había profetizado correctamente el futuro. En las Escrituras la historia de Israel se desarrolla tal como Moisés predijo que lo haría, después de su muerte, los israelitas entran en la Tierra Prometida y finalmente obtienen descanso de sus enemigos bajo el rey David (2 Samuel 7,1). Cuando su hijo Salomón llega al poder las doce tribus de Israel viven juntas en armonía y disfrutan de la paz con las naciones (1 Reyes 5,1). Después de su muerte, sin embargo, el reino comienza a desintegrarse, ¿por qué sucede esto? Porque el pueblo se aleja del Dios de sus padres y adora a otros dioses.

Las tribus del norte de Israel terminan siendo conquistadas por la nación de Asiria y son llevadas al exilio alrededor de

722 a.C. Más tarde, en el año 587 a.C., los babilonios conquistan Jerusalén y llevan al resto del pueblo al destierro empero finalmente regresan.

Babilonia cae a manos de Persia alrededor del año 539 a.C. y el rey persa da permiso a los judíos para volver a su tierra, no obstante cuando regresan, son continuamente perseguidos por sus enemigos. Este sufrimiento es visto como una especie de continuación del exilio (Esdras 9,8–9; Nehemías 9,36). En tiempos de Jesús muchos judíos entendían la opresión romana de Judea como parte de la experiencia del destierro, sus pecados los habían llevado a estar cautivos por poderes paganos.

Aun así, no todo estaba perdido. A través de los profetas, Dios anunció que llegaría el día en que serían liberados. Israel y el antiguo reino de David algún día serían restaurados.

Preparen el camino del Señor

En el libro de Isaías leemos acerca de un glorioso futuro en el que Dios consolará a Israel:

> Consolad, consolad a mi pueblo
> dice vuestro Dios.
> Hablad al corazón de Jerusalén
> y decidle bien alto
> que ya ha cumplido su servidumbre,
> ya ha satisfecho por su culpa...
> Una voz clama:
> "Abrid en el desierto un camino a Yahvé,
> trazad en la estepa una calzada recta a nuestro Dios".
> (Isaías 40,1–3)

El gran amor del Señor por Israel se ve manifestado plenamente en estas líneas. Vemos en primer lugar que anuncia el consuelo porque el "castigo" del pueblo llegará a su fin y en segundo, siendo lo que es más importante, el profeta revela que el libertador de Israel no será otro que Dios. Se está preparando un "camino", un "camino" en el desierto. ¿Quién viene? El *Señor*.

Prosiguiendo se utiliza una expresión vital para el mensaje de la liberación de Israel: "buenas nuevas". El futuro día de la redención de Israel está vinculado con la siguiente declaración:

> Súbete a un monte elevado, *alegre mensajero* para Sion; clama con voz poderosa, *alegre mensajero* para Jerusalén. Clama sin miedo; di a las ciudades de Judá: *"Ahí está vuestro Dios"*.
> (Isaías 40,9)

En la arraigada traducción griega del Antiguo Testamento llamada septuaginta la palabra trasladada "buenas nuevas" (del griego: *euangelizomenos*) está estrechamente relacionada con el término traducido "Evangelio" (del griego: *euangelion*) en el Nuevo Testamento. El vocablo usado por Isaías significa anunciar las buenas nuevas: el Evangelio. ¿Qué es esta "buena noticia"? El Señor está en camino de traer la salvación.

Había otra razón para confiar en el futuro, muchos judíos esperaban con interés la venida de un próximo libertador, un mesías.

Expectativas judías de un Mesías

Para los cristianos la identidad del "Mesías" no es cuestionable, Él es Jesús el "Hijo de Dios". Las expectativas judías en la época de Jesús, sin embargo, eran muy diversas,[1] no

---

1   Véanse los importantes estudios de Matthew V. Novenson, *The Grammar of Messianism: An Ancient Jewish Political Idiom and Its Users* (Oxford: Oxford University Press, 2017); John Collins, *The Scepter and the Star: The Messiahs of the Dead Sea Scrolls and Other Ancient Literature* (New York: Doubleday, 1995).

estaban de acuerdo en muchas cosas, incluyendo lo que traería el futuro (cfr. Hechos 23,6). Si realmente queremos entrar en la historia de la Navidad necesitamos entender cómo las expectativas mesiánicas judías en los tiempos de Jesús estaban siendo moldeadas.

Un ungido

La palabra hebrea traducida como "mesías" (*mashiyach*) llanamente significa "ungido". En las Escrituras de Israel varios tipos de personas fueron ungidas incluyendo sacerdotes (Éxodo 28,41; 30,30; 40,13, 15; Levítico 16,32) y profetas (1 Reyes 19,16; Isaías 61,1). Empero lo más prominente es que el rey de Israel era conocido como "el ungido".

Un ejemplo famoso de una unción de la realeza se encuentra en la historia del Antiguo Testamento cuando Dios elige a David como rey, al ser ungido por el profeta Samuel le sucede algo extraordinario. Se nos dice:

> Tomó Samuel el cuerno de aceite y *lo ungió* en presencia de sus hermanos. Y, a partir de entonces, *vino sobre David el espíritu de Yahvé*. (1 Samuel 16,13)

Aquí se hace una conexión importante: el rey es ungido con aceite que simboliza la unción del Espíritu de Dios.

En hebreo, en ese entonces, a menudo el rey de Israel es llamado "el ungido de Yahvé", es decir, "el mesías de Yahvé (en hebreo: *mashiyach*)" (por ejemplo, 1 Samuel 24,10; 26,9–11). En la versión griega del Antiguo Testamento, "mesías" se traduce con la palabra griega para "el ungido", *christos*. Ser rey, entonces, es ser "cristo".

No obstante la realeza de David se vuelve especial por otra razón. Debido a su fidelidad, Dios eventualmente recompensa a David con una promesa asombrosa. Por medio del profeta Natán el Señor le dice a David lo siguiente:

> Y cuando tus días se hayan cumplido y te acuestes con tus padres, afirmaré después de ti la descendencia... Consolidaré el trono de tu realeza. Yo seré para él un padre y él será para mí un hijo. Si hace mal, le castigaré con vara de hombres y con golpes de hombres. (2 Samuel 7,12–14)

Dios jura darle a David un reino eterno, además, el profeta anuncia que el hijo de David también será el "hijo de Dios".

De alguna manera el oráculo de Natán parecería cumplirse en el glorioso reinado del hijo de David, Salomón quien construyó un espléndido templo cumpliendo la promesa de Dios de que el hijo de David "construiría una casa" para el Señor. Sin embargo, Salomón no reinó para siempre. De hecho, el reino de David llegó a un final repentino cuando los babilonios conquistaron Jerusalén en 587 a.C. Después de eso, no hubo más reyes del linaje de David que gobernaran sobre el pueblo.

En el momento del nacimiento de Jesús ya habían pasado cerca de 600 años desde que un descendiente de David hubiera gobernado sobre Israel. Sin embargo, los judíos sabían la promesa que Dios le había hecho a David: su reino duraría para siempre. Esto dio lugar a las esperanzas judías de que el Señor cumpliría la promesa hecha a David dándole un futuro rey de su linaje. Este sería el rey definitivo, el "Mesías" por excelencia.

Profecías mesiánicas

Las esperanzas mesiánicas tomaron varias formas en el tiempo de Jesús. Los Manuscritos del Mar Muerto revelan que algunos judíos, por ejemplo, estaban anticipando la llegada de un líder sacerdotal del linaje del primer sumo sacerdote de Israel, Aarón.[2] Algunos judíos parecen haber esperado más de un mesías, uno real y uno sacerdotal empero la cepa más dominante de las esperanzas judías para el futuro implicaba la venida de un rey del linaje de David. Tales creencias estaban arraigadas en varias profecías.

En Isaías leemos por ejemplo:

> Dará un vástago el tronco de Jesé,
> un retoño de sus raíces brotará,
> Reposará sobre él
> el espíritu de Yahvé:
> espíritu de sabiduría e inteligencia...
> Juzgará con justicia a los débiles,
> con rectitud a los pobres de la tierra.
> Herirá al hombre cruel
> con la vara de su boca,
> con el soplo de sus labios
> matará al malvado. (Isaías 11,1–2, 4)

Jesé era el padre del rey David. Al hablar no del "árbol de Jesé" sino del "tronco de Jesé", Isaías sugiere que el linaje de David ha sido "talado" por los enemigos de Israel lo que sucedió cuando los babilonios invadieron Jerusalén en el año 587 a.C. — el reino davídico llegó a su fin y los judíos se fueron al exilio.

A pesar de ello, la profecía de Isaías contiene un mensaje de esperanza: se ve una "rama" que viene del "tronco" de Jesé siendo el simbolismo de inconfundible significado: Dios nos dará un rey del linaje de David, esta figura vendrá en el Espíritu de Dios, juzgará con justicia y derrotará a los inicuos "con

---

2   Documento de Damasco 14,18–19.

la vara de su boca y con el aliento de sus labios", es decir, con sus palabras. Él vendrá con "sabiduría", un famoso atributo asociado con Salomón (véase 1 Reyes 4,29–34).

Hoy en día, algunos cristianos tienen la práctica devocional de prepararse para la Navidad haciendo un "Árbol de Jesé" que puede tomar diferentes formas. Independientemente de cómo se haga, su propósito es recordar la forma en que Jesús representa el cumplimiento de las Escrituras.

Según Isaías, el futuro descendiente de David marcará el comienzo de una era en la que Dios traerá una paz sin precedentes. No sólo el pueblo de Israel tendrá descanso de sus enemigos, sino que el mundo regresará a una armonía entre las criaturas de Dios que recuerda al Jardín del Edén:

> Serán vecinos el lobo y el cordero,
> y el leopardo se echará con el cabrito,
> el novillo y el cachorro pacerán juntos,
> y un niño pequeño los conducirá. (Isaías 11,6)

Isaías y otros profetas hablan de la era de la restauración de Israel en términos de una "nueva creación" (Isaías 66,22). Esto se convertirá en un factor clave en la historia navideña del nacimiento de Jesús como veremos.

Cuando aparece el Hijo de Dios

Las esperanzas de un mesías también fueron alimentadas por otras Escrituras. Varios salmos hablan del día en que Dios traerá la victoria definitiva sobre el mal a través de un hijo de David, por ejemplo, leemos acerca de cómo las naciones conspiran "contra Yahvé y contra su Ungido" (Salmo 2,2), literalmente, el "Mesías" o "Cristo". El rey dice:

Voy a anunciar el decreto de Yahvé: Él me ha dicho:
 "Tú eres mi hijo;
 Yo te he engendrado hoy.
 Pídeme, y te daré en herencia las naciones,
  en propiedad los confines de la tierra.
 con cetro de hierro, los quebrantarás,
  los quebrarás como vaso de alfarero." (Salmo 2,7–9)

Al igual que Salomón aquí el rey sin nombre es descrito como el "hijo" de Dios. Si bien el salmo probablemente fue escrito para honrar la entronización de un rey histórico, representa la visión de un gobernante idealizado que ninguna figura histórica entendió completamente. Cuando el reino de David llegó a su fin, salmos como éste adquirieron un nuevo significado y fueron releídos con la esperanza de un futuro rey. Estos salmos eran entendidos como que se referían *al* Ungido, *al* "Mesías" o a "Cristo".

Otros pasajes también inspiraron esperanzas mesiánicas. En Isaías encontramos una descripción de un futuro niño que gobernará al pueblo de Dios; sus palabras serán familiares para aquellos que conocen la obra maestra musical compuesta por George Frideric Handel en 1741:

Porque la criatura nos ha nacido,
un hijo se nos ha dado.
Estará el señorío sobre su hombro,
Y se llamará su nombre
"Maravilla de Consejero", "Dios Fuerte",
"Siempre Padre", "Príncipe de Paz".
 Grande es su señorío y la paz no tendrá fin
sobre el trono de David y sobre su reino,
para restaurarlo y consolidarlo
por la equidad y la justicia,
desde ahora y hasta siempre. (Isaías 9,5–6)

Dentro del libro de Isaías hay buenas razones para creer que este "Príncipe de paz" se refiere de alguna manera al justo rey Ezequías quien emerge como un personaje clave en capítulos posteriores. Isaías le da al futuro gobernante el título adicional de "Dios fuerte". Aunque Ezequías no era en realidad Dios, se decía que "Yahvé estuvo con él" (2 Reyes 18,7). Ezequías, entonces, puede ser visto como un cumplimiento parcial de esta profecía.

Aun así, Ezequías no se dio cuenta plenamente de la gran visión de Isaías para un "Príncipe de Paz", bajo su reinado la justicia no fue establecida "para siempre" (Isaías 9,6). Por lo tanto, también podría leerse el oráculo como apuntando a un futuro rey.[3]

El libro de Isaías contiene la profecía que también contiene la letra "Oh Ven, Oh Ven Emanuel". En un aparte, Isaías habla del nacimiento de un niño llamado "Immanuel" que en hebreo significa "Dios con nosotros" (Isaías 7,14). (En hebreo, la palabra "Immanuel" comienza con el equivalente de la letra "I". En griego y latín, la palabra traducida "Emanuel" comienza con el equivalente de la letra "E". Entonces, cuando estamos hablando del pasaje en el libro original de Isaías, el nombre está escrito como "Immanuel", y cuando estamos hablando del uso de la profecía por parte del Nuevo Testamento, que está escrito en griego, usamos "Emanuel").

Al igual que el pasaje anterior, los eruditos creen que dentro del libro de Isaías la profecía de un niño Immanuel también se refiere de alguna manera al rey Ezequías.[4] Pero, una vez más, Ezequías no logra una paz duradera, por lo tanto, la profecía puede tener un significado futuro. El Nuevo Testamento

---

3   Ver Adela Yarbro Collins y John J. Collins, *King and Messiah as Son of God: Divine, Human, and Angelic Messianic Figures in Biblical and Related Literature* (Grand Rapids, MI: Eerdmans, 2008), 42–43.

4   Christopher Seitz, *Isaiah 1–39*, Interpretación (Louisville: Westminster John Knox Press, 1993), 64–65.

encontrará en Jesús la realización última del oráculo de Isaías como veremos.

Liberación del pecado

Como explicó Moisés, Israel fue desterrado a causa del pecado, en consecuencia, la restauración del exilio estaba relacionada con la esperanza del perdón del pecado y la expiación. Para los antiguos judíos estas ideas estaban ligadas a otro concepto: la redención.

El Ángel Gabriel y el Jubileo

En las Escrituras judías a menudo se entiende que el exilio de Israel no se debió simplemente al problema de los pecadores gentiles, sino que el pueblo debe volver a Dios y ser salvado de su propio pecado. El libro de Daniel enfatiza esta cuestión hablando en nombre de Israel cuando ora "Nosotros hemos pecado, hemos cometido iniquidad, hemos sido malos...y sobre nosotros han caído la maldición y la imprecación escritas en la ley de Moisés, siervo de Dios, porque hemos pecado contra él" (Daniel 9,5, 11).

Después de que Daniel completa esta oración algo notable sucede: el ángel Gabriel—una figura clave en el Nuevo Testamento en la historia del nacimiento de Jesús—se aparece al profeta. El ángel hace un anuncio conmovedor: el pueblo de Dios será liberado cuya noticia se proclama en términos altamente simbólicos:

> Setenta semanas están fijadas sobre tu pueblo y tu ciudad santa para poner fin a la rebeldía, para sellar los pecados, para expiar la culpa, para instaurar justicia eterna. (Daniel 9,24)

Gabriel anuncia que la redención de Israel vendrá después de "setenta semanas de años", este marco de tiempo evoca la noción judía del "Jubileo". Es importante entender lo que esto significó para el antiguo Israel.[5]

Así como Dios declaró que el séptimo día, sábado, era el Sabbat, el día santo de descanso (Éxodo 20,8–10), cada séptimo año era considerado un "año sabático". Durante este año, los israelitas debían darle descanso a su tierra (Levítico 25,1–7). Además, después de cada siete años de reposo, es decir, después de cuarenta y nueve años (7 × 7 años), Israel debía celebrar el "año del Jubileo" (Levítico 25,8–55). En Daniel, Gabriel dice que la restauración de Israel vendrá después de "setenta semanas de años". Esta es una imagen del Jubileo. Dado que hay siete días en una semana, "setenta semanas de años" significa 70 × 7, o 490 años. Gabriel ha anunciado la llegada de la gran celebración del Jubileo. Pero, ¿por qué era tan importante el Jubileo?

EL Jubileo, las deudas y el perdón de los pecados

El año de Jubileo efectivamente eliminó todas las consecuencias de la deuda. En el antiguo Israel demasiada deuda podría obligar a la gente a vender sus tierras ancestrales (Levítico 25,25–34), peor aún, la deuda podría hacer que las personas fueran vendidas como esclavos (Levítico 25,39–55; cfr. 2 Reyes 4,1–7). En el año jubilar, sin embargo, todas estas consecuencias se revertían. Los esclavos fueron liberados, y las tierras fueron devueltas a sus dueños originales. (Cualquier persona con una hipoteca o con una deuda estudiantil o de tarjeta de crédito daría la bienvenida a un Jubileo hoy).

---

5   Para una profundización sobre este tema, revise el trabajo de John S. Bergsma, *The Jubilee from Leviticus to Qumran: A History of Interpretation* (Leiden: Brill, 2007).

El Jubileo fue un símbolo apropiado para la restauración de Israel por otra razón. Como explico en mi libro anterior *Salvation*, los judíos llegaron a ver el pecado como una especie de deuda espiritual con Dios.[6] Esta metáfora del pecado la vemos en la Oración del Señor, el Padrenuestro. Jesús enseña a sus discípulos a orar, "Perdónanos nuestras *deudas*, así como nosotros hemos perdonado a nuestros *deudores*" (Mateo 6,12). Aquí el pecado se concibe como una deuda.

El año jubilar fue una imagen consecuente para la liberación del exilio de Israel. La deuda del pueblo del pecado fue lo que los llevó al exilio en primer lugar; la restauración tendría que implicar el perdón de esa deuda de pecado. Gabriel vincula así "setenta semanas están fijadas" es decir, el Jubileo, con el anuncio de este período "para poner fin a la rebeldía" (Daniel 9,24). De hecho, se suponía que el año jubilar debía proclamarse en el Día de la Expiación (Levítico 25,9), la misma fiesta que trataba de la expiación por el *pecado* (cfr. Levítico 16,30). Vale la pena mencionar que el lenguaje de "expiación" tenía una connotación económica; entre otras cosas, podría referirse al pago por un precio de "rescate".[7] Si usted fuera un esclavo debido a una deuda, usted podría ser "redimido", liberado, si alguien pagara el precio de su deuda.

Ahora podemos conectar todos los hilos que hemos estado discutiendo. Para los antiguos judíos, la deuda, el pecado, la esclavitud y la expiación podían ser vistos como ideas relacionadas. El pueblo de Israel fue *esclavizado* por sus enemigos en el exilio debido a su *deuda* de pecado. No es de extrañar, dadas las imágenes del Jubileo, entonces, que Gabriel le diga a

---

6   Ver la información y las fuentes en Michael Patrick Barber, *Salvation: What Every Catholic Should Know* (San Francisco: Ignatius Press; Greenwood Village, CO: Augustine Institute, 2019), 37–52. Si bien el libro está escrito especialmente para católicos, su objetivo es ser útil para todos los cristianos.

7   Ver Brant Pitre, Michael Barber, y John Kincaid, *Paul, a New Covenant Jew: Rethinking Pauline Theology* (Grand Rapids, MI: Eerdmans, 2019), 145–49.

Daniel que "setenta semanas" de años han sido "fijadas" para "*sellar los pecados*, para *expiar la culpa*" (Daniel 9,24).

El Jubileo y las esperanzas por un Mesías

El anuncio de Gabriel a Daniel acerca del Jubileo también implica la visión de "un Príncipe Mesías" (Daniel 9,25). De hecho, otras fuentes judías hablan de un "ungido" que viene como parte de la restauración futura del Jubileo de Israel. Tomemos, por ejemplo, este pasaje del libro de Isaías:

> El espíritu del Señor Yahvé está sobre mí,
> por cuanto que *me ungió Yahvé*.
> A anunciar la Buena nueva a los pobres me ha enviado,
> A vendar los corazones rotos;
> A pregonar a los *cautivos la liberación*,
> Y a *los reclusos la libertad*;
> A pregonar el *año de gracia de Yahvé*. (Isaías 61,1–2)

Aquí vemos tres ideas importantes. La primera, Isaías anuncia la venida de una figura que es "ungida" por el Espíritu; desde los Manuscritos del Mar Muerto vemos que los antiguos judíos interpretaron este pasaje como una referencia al Mesías.[8] La segunda idea, el ungido anuncia "libertad" para los "cautivos" y "a los reclusos libertad"; en otras palabras, aquellos que son esclavizados serán liberados. Y la tercera representación en la que esta salvación futura está conectada con el año Jubilar que se ve confirmado en la última frase: todo esto ocurre como parte del "año de gracia de Yahvé".

En el Nuevo Testamento se muestra que la profecía de Isaías se cumple en Jesús. En la sinagoga de Nazaret Jesús lee

---

8   4QMessianic Apocalypse (4Q= Qumran, Cave 4).

el mismo pasaje de Isaías citado anteriormente. Después de que haya terminado exhorta a la congregación declarando, "Esta Escritura que acabáis de oír, se ha cumplido hoy" (Lucas 4,21). Jesús es el Mesías, a través de Él, se realiza el Jubileo definitivo prometido por Isaías.

Las esperanzas de Israel y nuestras esperanzas

La discusión anterior explica el primer verso del famoso himno "Oh ven, Oh ven, Emanuel". La canción le pide a Dios "libra al cautivo Israel", "que sufre desterrado aquí." Prosigue explicando que la difícil situación de Israel terminará cuando llegue "el Hijo de David", el Mesías. En Navidad nos regocijamos porque, como revela el Nuevo Testamento, estas esperanzas se realizan en Jesús, el Mesías, el Cristo.

Israel anhelaba regresar a casa, anhelaba liberarse del exilio y encontrar la paz, con todo, muchos entendieron que sólo Dios sería capaz de lograr su salvación definitiva, necesitaban un libertador que los desatara de las consecuencias de su pecado.

Y nosotros también.

De cierto modo, todos buscamos lo que hizo el antiguo Israel y la Navidad pone en relieve esos anhelos. Podemos reflexionar sobre las formas en que nos sentimos "exiliados". Podemos recordar navidades del pasado cuando reíamos y jugábamos con la alegría de la inocencia infantil. Padres e hijos recuerdan con ternura experimentar la Navidad los unos con los otros. Ver viejos videos caseros de Navidades pasadas puede ser emotivo porque a veces vemos en ellos tiempos mejores. También puede haber tristeza por las relaciones rotas.

El pecado destruye nuestras relaciones, conduce a hogares y vidas rotas, nos lleva a la separación del Dios que nos ama. Anhelamos la paz y ser salvados de los efectos devastadores de nuestra pecaminosidad.

A pesar de ello la Navidad nos dice que ha llegado un libertador, que realmente podemos ser "rescatados" de nuestra culpa, que podemos volver a casa en Cristo, el verdadero Emanuel: "Dios con nosotros". Tampoco se trata sencillamente de una salvación individualista sino que implica compartir las promesas de Dios hechas al pueblo Israel. Dios no simplemente salva a *esta* persona o a *esa* persona; ser salvado significa ser parte del pueblo de Dios. Para entender cómo es esto posible necesitamos tener una comprensión más firme de quién es Cristo, para descubrirlo ahora nos dirigimos al Nuevo Testamento.

3

"Anuncios de paz y de amor":
El anuncio de Gabriel a Zacarías

"God Rest Ye Merry Gentlemen" una canción navideña muy conocida en Norteamérica cuyos orígenes pueden datar del principio de los años 1500s y cuyo compositor es desconocido, en una de sus traducciones al español comienza así:

> La paz a ustedes Dios les dé
> No hay nada que temer
> Recuerden que Jesús nuestro Señor
> Nació hoy en Navidad
> Para salvarnos a todos del poder de Satanás
> Cuando ya habíamos perdido
> !Oh! anuncio de paz y de amor,
> Paz y amor
> !Oh! anuncio de paz y de amor.

¿A quiénes les da la "paz" Dios? ¿Por qué podrían "temer"? ¿Cuál era exactamente el "anuncio de paz y de amor"? Aquí quiero mostrar cómo el mensaje del himno es ejemplificado por la historia que abre el Evangelio de Lucas.[1] El ángel

---

1 En este libro me refiero a los escritores de los Evangelios por sus nombres tradicionales sin perjuicio de los debates sobre la cuestión de su autoría.

Gabriel—el ángel sobre el que leímos en el último capítulo—regresa una vez más para hacer otro anuncio: Dios está a punto de liberar a Israel.

La primera persona en escuchar acerca de *cómo* sucederá esto es un sacerdote llamado Zacarías quien recibe el "anuncio de paz y de amor". La venida del Mesías es una respuesta a sus oraciones pero de una manera que nunca podría haber esperado.

El servicio de Zacarías en el templo y la aparición de Gabriel

Después de un breve prólogo, Lucas presenta a algunas de las personas fundamentales en su relato del nacimiento de Jesús. Leemos:

> Hubo en los días de Herodes, rey de Judea, un sacerdote llamado Zacarías, del grupo de Abías, casado con una mujer descendiente de Aarón, que se llamaba Isabel; los dos eran justos ante Dios, y caminaban sin tacha en todos los mandamientos y preceptos del Señor. No tenían hijos porque Isabel era estéril y los dos de avanzada edad. (Lucas 1,5–7)

¿Quién es Herodes y por qué son tan importantes Zacarías e Isabel? ¿Por qué Lucas comienza su relato del nacimiento de Jesús con estas personas?

Zacarías, el sacerdote justo

Comienza la escena con la mención del rey Herodes el Grande aunque el escritor del Evangelio no dice mucho acerca de él que tampoco habría sido necesario. Los lectores originales de Lucas sabían todo sobre Herodes. Todos en la región de Jerusalén vivieron bajo su reinado tiránico, era bien conocido por su ambición y su búsqueda despiadada de poder. Mató a tres de sus propios hijos cuando le preocupó que pudieran representar una amenaza para él, asesinó también a su esposa, a su madre y a su hermano. Basta decir que su crueldad era bien conocida.[2]

En contraste con la pecaminosidad legendaria de Herodes, Zacarías y su esposa Isabel sirven como negativos fotográficos de éste. Se dice que el anciano sacerdote y su esposa eran "justos" (*dikaioi*), Lucas nos informa que siguen fielmente "todos los mandamientos" del Señor "sin tacha" (Lucas 1,6). Mientras que Herodes es un gobernante poderoso, Zacarías es un sacerdote humilde. Puede parecer que los justos han sido abandonados por Dios mientras que el mal es el rey supremo pero Dios tiene un plan.

Zacarías y el sacrificio Tamid

Es importante para la historia que Zacarías sea un sacerdote. De hecho, Lucas proporciona algunos detalles importantes sobre el entorno del servicio sacerdotal de Zacarías.

> Sucedió que mientras oficiaba delante de Dios, en el turno de su grupo, le tocó en suerte, según el uso del servicio sacerdotal, entrar en el Santuario del Señor para quemar el incienso. Toda la multitud del pueblo estaba afuera en oración, a la hora del incienso. (Lucas 1,8–10)

---

2   Para un reciente resumen, ver Benedikt Eckhardt, "Herod the Great," en *T&T Clark Encyclopedia of Second Temple Judaism*, ed. Daniel M. Gurtner y Loren T. Struckenbruck, 2 vols. (London: T&T Clark, 2019), 2:335–337.

En el siglo I había alrededor de 20.000 sacerdotes judíos.[3] Las diversas familias sacerdotales se dividían en grupos diferentes y cada una servía en determinadas épocas del año (1 Crónicas 24,4). Por esto Zacarías está sirviendo en el templo como parte de la rotación habitual de las familias sacerdotales y no porque sea sumo sacerdote.

El ritual que Lucas describe de la actuación de Zacarías es parte de la ofrenda *Tamid*. Las regulaciones para este rito se pueden encontrar en la Torá (cfr. Éxodo 29,38–42; Números 28,3–8) y en obras judías posteriores (véase Mishná Tamid). En hebreo, *Tamid* significa "continuo" siendo un nombre apropiado para el ritual ya que se repetía dos veces al día.

El relato de Lucas de la actividad de Zacarías en el santuario y el detalle de que "toda la multitud del pueblo estaba afuera en oración" (Lucas 1,10) encaja con lo que sabemos acerca de la forma en que el *Tamid* fue llevado a cabo en los tiempos de Jesús. Los judíos se reunían fuera del templo en oración mientras esperaban a que los sacerdotes completaran la ofrenda, cuando terminaba, se impartía una bendición sacerdotal a la multitud. Para los judíos en Jerusalén la ofrenda diaria de *Tamid* "era la liturgia primaria del templo."[4]

Gabriel, Daniel, y Zacarías

Cuando Zacarías entra en el templo se asusta al descubrir que no está solo allí: "Se le apareció el Ángel del Señor, de pie, a la derecha del altar de incienso" (Lucas 1,11). Tiene miedo. En

---

3   Ver Josefo, *Apion* 2.108 e información en E. P. Sanders, *Judaism: Practice and Belief, 63 BCE–66 CE* (London: SCM Press, 1992), 78–79.
4   Dennis Hamm, "The Tamid Service in Luke-Acts: The Cultic Background behind Luke's Theology of Worship (Luke 1,5–25; 18,9–14; 24,50–53; Acts 3,1; 10,3, 30)," *Catholic Biblical Quarterly* 25 (2003): 216.

la Biblia, aquellos que se encuentran con ángeles a menudo se llenan de miedo (Números 22,31; Daniel 10,7). Los seres angélicos son frecuentemente los agentes del juicio divino (Isaías 37,36; Salmo 78,49). Zacarías puede haber recordado que los ángeles habían azotado al malvado Heliodoro hasta el punto de la muerte cuando entró en el templo indignamente (2 Macabeos 3,22–34).

Más tarde le revela a Zacarías: "Yo soy Gabriel" (Lucas 1,19). Aprendemos que este no es un ángel cualquiera, es el mismo ángel que anunció el gran Jubileo al profeta Daniel. De hecho, Gabriel aparece por su nombre en sólo tres lugares de la Biblia: en Daniel, donde anuncia la futura restauración del Jubileo de Israel, y en los relatos de Lucas sobre Zacarías y María.

Fíjese además que Gabriel viene a Zacarías *exactamente al mismo tiempo* en el que una vez se apareció a Daniel en el momento del *Tamid*. Leemos: "Gabriel... vino volando donde mí *a la hora de la oblación de la tarde*" (Daniel 9,21). Como sacerdote, el propio Zacarías realiza el mismo ritual, el *Tamid*, que fue el telón de fondo para el anuncio original de Gabriel en Daniel. Sin embargo, mientras que Gabriel le dice a Daniel que lo que ora —la salvación de Israel— sólo ocurrirá en un futuro lejano, Zacarías escucha un mensaje diferente: el tiempo de la salvación finalmente está cerca.

El Dios que responde a las oraciones

El ángel hace un anuncio trascendental a Zacarías:

> No temas, Zacarías, porque tu petición ha sido escuchada; Isabel, tu mujer, te dará a luz un hijo, a quien pondrás por nombre Juan; será para ti gozo y alegría, y muchos se gozarán en su nacimiento, porque será grande ante el Señor. (Lucas 1,13–15)

A Zacarías se le dice "tu oración ha sido escuchada". Pero, ¿para qué había estado orando?

El Hijo de Zacarías como Heraldo del Mesías

Cuando Zacarías entra en el templo es probable que no esté simplemente orando para sí mismo ya que el tiempo de la ofrenda *Tamid* se asocia con oraciones por el perdón del pecado de Israel y por la futura restauración de la nación (Esdras 9,5–7; Judith 9,1–14). Es natural suponer que su oración incluiría tales intenciones.

Aun así Dios cumple las oraciones de Zacarías de una manera inesperada: no sólo el sacerdote sabe que Israel será liberado, sino que se le dice que esto ocurrirá de una manera que nunca podría haber anticipado: él y su esposa tendrán un hijo milagroso en su vejez, que deberá llamarlo "Juan" (Lucas 1,13). El hijo de Zacarías no es otro que Juan el Bautista, el hombre que anuncia la venida de Jesús y lo bautiza.

Gabriel continúa describiendo a Zacarías quién será Juan:

> Porque será grande ante el Señor, no beberá vino ni licor, estará lleno de Espíritu Santo ya desde el seno de su madre y a muchos de los hijos de Israel les convertirá al Señor su Dios, e irá delante de él con el espíritu y el poder de Elías, —para hacer volver los corazones de los padres a los hijos, — y a los rebeldes a la prudencia de los justos, para preparar al Señor un pueblo bien dispuesto. (Lucas 1,15–17)

Hagamos una pausa aquí para reflexionar sobre dos ideas importantes que se encuentran en el anuncio de Gabriel.

Primera, Gabriel dice que Juan no beberá "vino o licor" siendo una alusión a la práctica judía del voto nazarita (Números 6,3). Los nazaritas se consagraron al Señor expresando esta entrega al no cortarse el pelo (Números 6,5); en las Escrituras encontramos los héroes bíblicos como Sansón y Samuel que son nazaritas desde su nacimiento (Jueces 13,4–5; 1 Samuel 1,11). Juan el Bautista será como ellos. Que sea un nazarita como Samuel es especialmente apropiado. Fue Samuel quien ungió a David. Si recuerdan del capítulo anterior, cuando esto sucedió, el Espíritu de Dios descendió sobre David lo que prefigura más adelante el suceso en el Evangelio de Lucas: cuando Juan bautiza a Jesús, el verdadero Hijo de David, "bajó sobre él el Espíritu Santo en forma corporal" (Lucas 3,22). El siguiente gráfico ayuda a visualizar la relación entre Samuel y Juan.

. Samuel	Juan el Bautista
Nazarita	Nazarita
Unge al rey David	Bautiza a Jesús el Mesías

Así como el nazarita Samuel unge a David, así el nazarita Juan bautiza al Mesías.

Segunda idea, Gabriel revela que Juan "irá delante de él con el espíritu y el poder de Elías, para hacer volver los corazones de los padres a los hijos" (Lucas 1,17). Esta parte del anuncio de Gabriel está tomada de una profecía del Antiguo Testamento en el libro de Malaquías donde Dios promete enviar al profeta Elías para preparar al pueblo para el día de la llegada del Señor:

He aquí que yo os envió al profeta Elías antes que llegue el Día de Yahvé, grande y terrible. El hará *volver el corazón de los padres a los hijos, y el corazón de los hijos a los padres*; no sea que venga yo a herir la tierra de anatema. (Malaquías 4,5–6; cfr. Eclesiástico 48,10)

El arrepentimiento debe implicar la reparación de relaciones rotas que abarca que los padres vuelvan sus corazones a sus hijos, y que los hijos también busquen la reconciliación con sus padres. Gabriel revela que Juan el Bautista es el nuevo Elías, el que llamará a la gente a apartarse del pecado; saliendo al desierto Juan proclama "un bautismo de conversión, el perdón de los pecados" (Lucas 3,3).

La incredulidad de Zacarías

Zacarías está incrédulo al escuchar el anuncio del ángel: "¿En qué lo conoceré?" pregunta señalando que él y su esposa son ancianos (Lucas 1,18). Zacarías es incapaz de creer que pueda tener un hijo, como resultado termina mudo. El ángel le dice el por qué: "porque no diste crédito a mis palabras" (Lucas 1,20). Aun así después de que su hijo nace su voz es restaurada. Por fidelidad, hace lo que el ángel le dice e insiste, en contra de los deseos de su extensa familia, en nombrar al niño Juan (Lucas 1,57–64). Cuando se le suelta la lengua procede a bendecir y ensalzar al Señor (Lucas 1,68–79).

Prepara el camino del Señor

Dios hace más que simplemente escuchar las oraciones de Zacarías, Él va más allá de estas. Su hijo Juan el Bautista no se describe simplemente como la preparación del camino del Mesías. El lector cuidadoso reconocerá que la palabra "Cristo" o "Mesías" nunca es utilizada explícitamente por Gabriel cuando habla con Zacarías. En cambio, se le dice a Zacarías que su hijo "y a muchos de los hijos de Israel, les convertirá al Señor su Dios. E irá delante de él" (Lucas 1,16–17). ¿Antes de quién va Juan? No simplemente del "Mesías" sino del "Señor su Dios". En esto, la identidad completa de Jesús se revela sutilmente al lector. Para apreciar cómo es este caso debemos leer una vez más la historia con una mentalidad judía.

El nacimiento del Señor

Por preocupación de guardar el mandamiento "No tomarás en falso el nombre de Yahvé, tu Dios" (Éxodo 20,7) los judíos evitaron usar el nombre de Dios. Por supuesto, ese santo nombre fue revelado a Moisés en la zarza ardiente. Se transcribe como "YHWH" (no hay vocales en hebreo antiguo). En su lugar, los antiguos judíos sustituían el término "Señor".[5] Esta práctica es evidente en los Manuscritos del Mar Muerto donde la palabra hebrea para "Señor" a veces se escribe por encima del nombre divino. Del mismo modo, el antiguo escritor judío Filón usa la palabra griega para "Señor" (*kyrios*) en lugar de escribir el nombre divino. La arraigada traducción griega del Antiguo Testamento, la Septuaginta, hace lo mismo. Esta costumbre se continúa hoy en día en las traducciones al español de la Biblia. En lugar de escribir el nombre de Dios, las traducciones al español del Antiguo Testamento lo representan con "SEÑOR" (en pequeñas mayúsculas).

El Evangelio de Lucas está escrito en griego. Cuando Lucas cita pasajes del Antiguo Testamento que usan el nombre divino él sigue la tradición judía, en lugar de escribir el equivalente griego de "YHWH" usa el término griego para "Señor" (griego: *kyrios*). Tomemos, por ejemplo, la cita de Lucas de la línea de Isaías: "Abrid camino a Yahvé" (Isaías 40,3). El hebreo original tiene "YHWH". Cuando Lucas cita este pasaje, usa la palabra griega normal para "Señor" (griego:

---

5   Para más información, vea Brant Pitre, Michael P. Barber, y John A. Kincaid, *Paul, a New Covenant Jew: Rethinking Pauline Theology* (Grand Rapids, MI: Eerdmans, 2019), 111–13.

kyrios). Hay enormes implicaciones en todo esto para entender la identidad de Jesús.

Como ha demostrado el erudito del Nuevo Testamento C. Kavin Rowe al llamar a Jesús "Señor", Lucas revela que Jesús debe ser identificado con el Dios de Israel.[6] Más adelante en el Evangelio, por ejemplo, Isabel le dice lo siguiente a María, la madre de Jesús:

> Bendita tú entre las mujeres y bendito el fruto de tu seno; ¿de dónde a mí que *la madre de mi Señor* venga a mí porque, apenas llegó a mis oídos la voz de tu saludo, saltó de gozo el niño en mi seno. ¡Feliz la que ha creído que se cumplirían las cosas que le fueron dichas de parte del *Señor!*" (Lucas 1,42–45)

Este es un pasaje notable.

Fíjese que Isabel se refiere a María no sólo como la "madre del Cristo" sino como "la madre de mi Señor [griego: *hē mētēr tou kyriou*]" (Lucas 1,43). Aquí seguramente se afirma el papel de María como madre de Cristo; el Mesías era un rey y, por lo tanto, podía ser llamado "Señor". Probablemente Lucas sin embargo tiene aquí una intención más.

Hasta este punto en la narrativa el término "Señor" se ha empleado para el Dios de Israel diez veces. Por otra parte, Isabel continúa diciendo que María es "bendita" porque creía "las cosas que le fueron dichas ... del *Señor* [griego: *para kyriou*]" (Lucas 1,45). En este contexto, "Señor" se refiere al Dios de Israel. Pero ahora, de repente, Isabel habla de María como "la madre de mi *Señor*", identificando a Jesús con este título. Rowe llama a esto "el versículo más sorprendente en la narrativa de la infancia-nacimiento y tal vez en todo el

---

6   C. Kavin Rowe, *Early Narrative Christology: The Lord in the Gospel of Luke* (Berlin: Walter de Gruyter, 2006).

Evangelio".[7] Jesús no es sólo el Mesías, sino que también es identificado como el Señor, el Dios de Israel.

La palabra-hecha-carne

La identidad divina de Jesús se enfatiza de varias maneras más adelante en lo descrito por Lucas. Tal vez lo más sorprendente es que Jesús diga: "¿Por qué me llamáis 'Señor, Señor [*kyrie, kyrie*]' y no hacéis lo que les digo?" (Lucas 6,46). Un dicho similar aparece en el Evangelio de Mateo (Mateo 7,21). El erudito del Nuevo Testamento Jason Staples muestra que este uso de la palabra "Señor" debe entenderse como la identidad de Jesús implicada en el Dios de Israel. Por sí mismo, "señor" no necesita referirse a Dios sino, por ejemplo, referirse a los reyes. Sin embargo, Staples muestra que el *doble uso*, "Señor, Señor", se usa *exclusivamente* para el Dios de Israel en la versión griega del Antiguo Testamento.[8]

La descripción del hijo de Zacarías como alguien que va "delante de" el Señor (Lucas 1,17) nos dice tanto acerca de Jesús como acerca de Juan el Bautista. Dios está cumpliendo las esperanzas mesiánicas de una manera que nadie podría haber anticipado. Isaías habló de una figura que vendría y sería llamada "Dios fuerte" (Isaías 9,6) y "Emanuel", que significa "Dios con nosotros" (Isaías 7,14). En Cristo, estas profecías se cumplen de una manera más allá de las expectativas; Dios se hizo carne.

Para muchos, la noción de que el Dios Todopoderoso se convertiría en humano era escandalosa, según algunos, el mundo material *en sí mismo* debía ser despreciado. Había

---

7 Ibid., 39.
8 Jason Staples, "'Lord, Lᴏʀᴅ': Jesus as YHWH in Matthew and Luke," *New Testament Studies* 64 (2018): 1–19.

quienes creían que la realización del ser humano sólo podía encontrarse en la separación del alma humana del cuerpo y los elementos materiales. La doctrina de la Encarnación —Dios tomando "carne" (latín: *caro, carnis*)— enfatiza una verdad proclamada en el libro del Génesis, que dice, que el mundo material es creado "bueno". Dios no desprecia la materialidad, el cuerpo humano no es una prisión de la que liberarse o simplemente un "cascarón" que haya que desecharse. Como diría el Evangelio de Juan, Cristo es la "Palabra [que] estaba con Dios" que "era Dios" (Juan 1,1). Y esta Palabra "se hizo carne" (Juan 1,14) para salvar al mundo (Juan 3,17).

En la narrativa de Lucas, es poco probable que Zacarías e Isabel comprendan completamente lo que significa que Juan irá "delante" del Señor (Lucas 1,17). Richard Hays, un destacado erudito del Nuevo Testamento, dice correctamente: "La identidad de Jesús se desarrolla *acumulativamente* a través del Evangelio",[9] a medida que la narrativa de Lucas continúa, el lector entiende mejor por qué Jesús es llamado "Señor".

Lecciones para la Navidad

¿Qué hemos visto aquí? Primero, Dios responde a las oraciones. El mismo ángel que anuncia a Daniel la próxima restauración del Jubileo de Israel aparece de nuevo en el Evangelio de Lucas para revelar que el tiempo de la liberación está cerca. En esto, las oraciones de Zacarías —y las oraciones de judíos como Daniel— finalmente se realizan; un Mesías está en camino.

Segundo, debido a que el Mesías viene, las relaciones pueden ser sanadas. Como anunció Malaquías, los corazones de

---

9   Richard Hays, *Echoes of Scripture in the Gospels* (Waco, TX: Baylor University Press, 2018), 244; enfasis en el original.

los padres se volverán hacia sus hijos y los corazones de los hijos se volverán hacia sus padres. El pecado y sus efectos son finalmente tratados en la venida de Cristo.

Tercero, Dios responde a las oraciones de Zacarías de maneras que trascienden sus más altas esperanzas. Dios no sólo respondió a las oraciones de Zacarías por la redención de Israel, sino que el sacerdote se entera de que esto ocurrirá a través de un hijo que su esposa concebirá milagrosamente en su vejez. El Mesías finalmente está llegando, y será anunciado por el propio hijo extraordinario de Zacarías. Al principio, Zacarías encuentra esto difícil de creer y muestra sus dudas, aun así, como él viene a ver, las promesas de Dios se hacen realidad. De hecho, la identidad de Jesús enfatiza aún más la forma en que Dios va más allá de nuestras expectativas. No sólo está el Mesías en camino, sino que el Mesías mismo es el Señor. Jesús es un Mesías mayor de lo que se podría haber anticipado.

Aquí hay lecciones para todos nosotros. En Navidad, mientras celebramos el nacimiento del Mesías prometido, recordamos que Dios responde a las oraciones. Por encima de todo la reconciliación y la restauración que Israel anhelaba ha venido en Cristo el Salvador. Además, en Cristo, las familias pueden ser sanadas y el pecado puede ser vencido. ¡No tenemos nada que temer! Lo que la historia del anuncio de Gabriel a Zacarías deja en claro es que Dios puede hacer aún más de lo que creemos que es posible. Como Gabriel le dirá a María, "ninguna cosa es imposible para Dios" (Lucas 1,37).

Debemos agregar un punto adicional: nuestras esperanzas pueden hacerse realidad sólo si las ajustamos a la voluntad de Dios. Insistir en tener las cosas a nuestra manera nos llevará a estar eternamente decepcionados en Navidad. Dios responde a nuestras oraciones, pero no siempre de la manera que esperamos. A veces puede parecer—como lo hizo con Zacarías—que ciertas cosas son imposibles con Él. El nacimiento de Juan, y en última instancia, el nacimiento de Jesús, nos muestran que este no es el caso. Aquellos que confían en el Señor nunca serán defraudados. Incluso si las cosas no funcionan de la manera que esperamos Dios tiene mejores planes que nosotros. La fe significa creer que esto es verdad. La Navidad celebra que Dios es fiel a su palabra y cumple nuestras esperanzas de maneras que éstas son excedidas.

Después de contarnos sobre el anuncio de Gabriel a Zacarías, leemos acerca de otra visita que el ángel hace. Esta vez, a diferencia de Zacarías, la persona a la que Gabriel se aparece responde correctamente, es decir, con fe. Ahora consideramos el papel de María en la historia de la Navidad.

4

"Cristo nació de María": El anuncio de Gabriel a María

"O Little Town of Bethlehem" uno de los villancicos navideños más queridos en Norteamérica escrito originalmente en inglés por el clérigo americano Phillips Brooks y luego traducido al español como "Oh pequeño pueblo de Belén" comienza con una descripción bellamente poética del lugar de nacimiento de Jesús:

> Oh pequeño pueblo de Belén,
> aún te vemos ahí
> sobre tu sueño tan profundo
> pasan las estrellas en silencio.

Después de establecer la escena la canción se centra en el nacimiento de Jesús: "Cristo nació de María".

Cuando pensamos en la natividad lo primero que viene a nuestra cabeza es el Niño Jesús, el Mesías; después de Jesús mencionamos a María. Ninguna representación de la natividad está verdaderamente completa sin ella. En las escenas de la natividad a menudo encontramos alguna mezcla de ángeles, pastores, reyes magos, bueyes, burros, corderos y la estrella de Belén. José suele estar presente aunque a veces es relegado a un segundo plano pero María no es difícil de encontrar, por lo general, está cerca del Niño Rey.

Que "Oh pequeño pueblo de Belén" use la frase "Cristo nació de María" es significativo. Como hemos mostrado el término apunta a la identidad de Jesús como el Mesías tan esperado. Mientras María miraba a su hijo, no sólo veía a su bebé, sino al que había venido a dar a luz a su pueblo. "Oh pequeño pueblo de Belén", "Las esperanzas y los temores sobre los años / Se encuentran en ti".

La popular canción "Mary Did You Know?" escrita originalmente en inglés para un musical de navidad cuyo título traduce "María ¿sabías que?" asume que María ignoraba la identidad de Jesús. La canción le hace a María una serie de preguntas tales como,

> ¿María, sabías que tu bebé salvaría a nuestros hijos e hijas?
> ¿Sabías que tu bebé ha venido a hacerte nueva?
> Este niño que tú has entregado, pronto se entregará a ti.

Extrañamente la canción nunca menciona una escena importante del Nuevo Testamento: en el Evangelio de Lucas el ángel Gabriel se acerca a María y le habla explícitamente sobre el niño que va a tener.

Aquí veremos más cuidadosamente lo que Lucas dice que Gabriel le dijo a María. ¿Quién dice Gabriel que será el hijo de María? ¿*Cómo* será concebido? ¿Y qué significa esto para nosotros hoy? Sólo mirando de cerca el relato de Lucas seremos capaces de ver por qué María es una parte tan importante de la historia de Navidad.

Cristo el Señor

Cuando Gabriel se le aparece a María en Lucas, deja muy claro quién será su hijo, él será el Mesías. Pero ¿cómo revela Gabriel esto?

Madre del Hijo de David

Gabriel dice a María:

> "Vas a concebir en el seno y vas a dar a luz un hijo, a quien pondrás por nombre Jesús. El será grande y será llamado Hijo del Altísimo, y el Señor Dios le dará el trono de David, su padre; reinará sobre la casa de Jacob por los siglos y su reino no tendrá fin". (Lucas 1,31–33)

El anuncio del ángel toma prestadas varias palabras y conceptos de una profecía crucial del Antiguo Testamento. Como vimos en el capítulo 1, a través del profeta Natán, Dios prometió darle a David un reino eterno. Como los Manuscritos del Mar Muerto dejan en claro, los judíos en los tiempos de Jesús creían que esta promesa apuntaba a la venida de un mesías proveniente de la realeza.[1]

Considera los paralelismos entre la profecía de Natán y lo que Gabriel le dice a María:

El oráculo profético de Natán a David (2 Samuel 7)	El anuncio de Gabriel a María (Lucas 1)
Dios le dará al hijo de David "un nombre grande".	El hijo de María "será grande".
Dios sentará al hijo de David en "*el trono* de su realeza para siempre".	Al hijo de María se le dará "*el trono* de David, su padre".
Dios dice que el hijo de David "será mi *hijo*".	El hijo de María será llamado "*Hijo del Altísimo*".

---

1   4QFlorilegium (4Q174).

El oráculo profético de Natán a David (2 Samuel 7)	El anuncio de Gabriel a María (Lucas 1)
Dios le promete a David que "tu *casa* y tu *reino* permanecerán para *siempre* ante mí".	El hijo de María "reinará sobre la *casa* de Jacob por los *siglos*; y su *reino* no tendrá fin."
(2 Samuel 7,9, 13, 14, 16)	*(Lucas 1,32, 33)*

Dentro del mundo judío del Nuevo Testamento el significado del anuncio de Gabriel es inconfundible: el hijo de María será el Mesías. Sin embargo, hay más: como hemos visto, Jesús es más que un Mesías humano en el Evangelio de Lucas.

Hijo de Dios, Hijo de María

El hijo real de David podría ser llamado el hijo de Dios (Salmo 2,7) como señalamos anteriormente. No obstante era una especie de filiación *adoptada*. Salomón, por ejemplo, tuvo un padre humano: David. El ángel Gabriel le dice a María que dará a luz al "Hijo del Altísimo" (Lucas 1,32). Sin embargo, Jesús es Hijo de Dios de una manera inaudita; no tiene padre biológico. Jesús es por lo tanto el "Hijo de Dios" por excelencia. Aquí es necesario hacer algunas distinciones.

Por un lado Lucas identifica inequívocamente a Jesús como humano; aparte de su muerte y sepultura, el indicador más seguro de la humanidad de Jesús es su nacimiento. En la noche de la natividad María tiene un hijo verdaderamente humano que necesita ser envuelto (Lucas 2,12) y amamantado (Lucas 11,27). Jesús es realmente el "hijo de María", una manera que usa el Evangelio de Marcos para describirlo (Marcos 6,3). En esto vemos que Jesús es realmente humano.

También como hemos visto, Lucas indica que Jesús es más que humano, sugerido en la forma en que se le llama "Señor". Además, que Jesús no tenga un padre humano es la señal más segura que él es verdaderamente el "Hijo de Dios".

María como Arca de la Alianza y del Divino Hijo

La naturaleza divina de Jesús se ve reforzada por la descripción de Gabriel de *cómo* concebirá: "El Espíritu Santo... te *cubrirá con su sombra*" (Lucas 1,35). Esto viene del verbo griego traducido como "eclipsar" (*episkiazō*) el cual es significativo. Es la misma palabra que la traducción griega del Antiguo Testamento usa para referirse a la presencia de Dios en el tabernáculo, el santuario portátil que Dios le dijo a Moisés que construyera en el desierto. La Biblia nos dice:

> Moisés no podía entrar en la Tienda del Encuentro, pues la Nube *moraba sobre* ella [del griego: *epeskiazen*]", (Éxodo 40,35, LXX [Septuagint])

Aquí está el punto clave: así como la gloria de Dios eclipsó el tabernáculo, el lugar donde Dios estaba presente, Gabriel ahora dice que el Espíritu de Dios eclipsará a *María*.[2] Lo que el tabernáculo era en el Antiguo Testamento, María es en el Nuevo Testamento. ¿Por qué? Porque ella no es sólo la madre del hijo de David; sino en ella el *Señor* está presente.

Lucas continúa usando el simbolismo del tabernáculo sagrado de Israel al describir a María. Para ver esto, sin embargo, necesitamos un poco más de antecedentes del Antiguo Testamento. En las Escrituras, el centro del tabernáculo es el propio lugar sagrado, el santo de los santos (Éxodo

---

2 Amy-Jill Levine, "Luke," en *The Jewish Annotated New Testament*, 2nd ed., ed. Amy-Jill Levine y Marc Zvi Brettler (Oxford: Oxford University Press, 2017), 110n15, 111n35.

26,33–35; Hebreos 9,3). Allí se encontraba el recipiente más sagrado de Israel, el arca de la alianza. Se dice que Dios aparece sobre ella. Al arca se le conoce como el "asiento de la misericordia" ya que la gloria de Dios se hace visible sobre ella (véase 2 Samuel 6,2). En el libro del Éxodo, por ejemplo, el Señor dice:

> *Allí me encontraré contigo*, desde encima *del propiciatorio*, de en medio de los dos querubines colocados sobre el arca del Testimonio, *te lo comunicaré todo.* (Éxodo 25,22)

En resumen, Dios se encuentra con Israel en el arca.

Debido a su santidad nadie debía tocar el arca. Esta lección se aprende más famosamente cuando David lleva el arca hasta Jerusalén después de una batalla decisiva empero cuando el arca es transportada a Jerusalén no se le trata con cuidado. En lugar de llevarla en postes de acuerdo con las directrices de la Torá (Números 7,9), aquellos que transportan el arca perezosamente la ponen en un carro. Allí se asienta precariamente hasta que los bueyes que tiran del carro tropiezan cuando llegan a un terreno irregular; de repente, al darse cuenta de que el arca puede caerse, un hombre llamado Uzzah hace lo que está estrictamente prohibido: se acerca para sostenerla. Inmediatamente es derribado y muere (2 Samuel 6,6–7). El mensaje es claro: el arca debe ser manejada con el mayor de los cuidados. David al principio responde con miedo y decide dejar el arca en la casa de un hombre llamado Obededom (2 Samuel 6,11), sin embargo, después de ver que la casa del hombre está bendecida por la presencia del arca decide llevarla a Jerusalén lo que hace con gran reverencia y alegría.

¿Por qué es importante el Arca de la Alianza para nuestra conversación aquí? Porque Lucas parece relacionar a María con ésta. Después de que el ángel se aparta de ella, María visita a Isabel, la esposa de Zacarías. El relato de Lucas parece hacerle eco a la historia del viaje del arca a Jerusalén en la época de David. Considera los paralelismos enumerados en el siguiente gráfico:

El Arca es traída a Jerusalén (2 Samuel 6)	María visita a Isabel (Lucas 1)
"Se *levantó* David y partió con todo el pueblo que estaba con él a Baalá de *Judá*"	"Se *levantó* María y se fue con prontitud a la región montañosa, a una ciudad de *Judá*"
"[David] *bendijo* al pueblo en nombre de YAHVE"	"[Isabel] y exclamando con gran voz, dijo: *Bendita* tú entre las mujeres"
"[David] dijo, ¿Cómo voy a *llevar a mi casa el arca de YAHVE?*	"[Isabel dijo:] y ¿de dónde a mí que la *madre de mi Señor venga a mí?*"
"Mikal, hija de Saúl, que estaba mirando por la ventana, vio al rey David *saltando* y girando ante Yahvé"	"[sabel dijo:] 'apenas … *saltó* de gozo el niño en mi seno' "
"El arca de Yahvé *estuvo* en casa de Obededom de Gat *tres meses*"	"María *permaneció* con ella unos *tres meses*"
2 Samuel 6,2, 18, 9, 16, 11	*Lucas 1,39, 42, 43, 44, 56*

Las similitudes entre las dos historias son demasiado numerosas para ser involuntarias, en definitiva, parece que el viaje de María a la casa de Isabel se está comparando con el viaje del arca a Jerusalén.

Esto es muy significativo. Lucas retrata a María en términos del tabernáculo y en términos del arca, el recipiente más sagrado en el antiguo Israel, subrayando la santidad del que está en el vientre de María: María será la madre del Señor; así como el Señor habitó en el tabernáculo y se encontró con Israel en el arca, así ahora el Señor está presente en María. Por lo tanto, María es justamente comparada con el arca sagrada, Dios está obrando en ella de una manera sin precedentes enfatizado por otro aspecto en el encuentro de Gabriel con María.

Llena de gracia

Al ver a Gabriel, Zacarías tiene miedo. En contraste, no se dice que María experimente miedo cuando ve al ángel; más bien es el saludo del ángel lo que le provoca una reacción: "Ella se conturbó *por estas palabras*, y *discurría que significaría aquel saludo*" (Lucas 1,29). Pero, ¿qué le ha dicho el ángel que es tan desconcertante?

María como "llena de gracia"

Cuando Gabriel habla por primera vez a Zacarías se dirige al sacerdote por su nombre: "No temas, *Zacarías*" (Lucas 1,13). Cuando viene a María, sin embargo, no la saluda usando su nombre propio, en su lugar utiliza una expresión que la tradición cristiana ha visto durante mucho tiempo como profundamente significativa.

Muchas traducciones de la Biblia representan el saludo de Gabriel con algo como: "Salve, *llena de gracia*" (Lucas 1,28). Esta traducción no es errónea, la expresión griega utilizada por Gabriel significa "favorecida", sin embargo, la palabra en el griego tiene una connotación importante que "favorecida" no logra capturar.

El término griego traducido "favorecida" es *kecharitōmenē* que proviene de un sustantivo que es vital en otras partes de la Biblia: *charis*. ¿Qué significa *charis*? Es la palabra del Nuevo Testamento que normalmente se traduce como "gracia"; por ejemplo, Pablo usa *charis* cuando escribe: "Todos pecaron y están privados de la gloria de Dios y son justificados por el don de su *gracia* [*charis*], en virtud de la redención realizada en Cristo Jesús" (Romanos 3,23–24). Según el Nuevo Testamento la salvación ocurre a través de la "gracia" —*charis*— de Dios.

Gabriel usa notablemente la terminología de "gracia" por segunda vez en su breve encuentro con María diciéndole que ella ha "hallado gracia delante de Dios" (Lucas 1,30). En griego "favor" es *charis*; en efecto Gabriel está diciendo que María ha encontrado "gracia con Dios".

Cuando Jerónimo, el gran estudioso de la Biblia de la Iglesia antigua, tradujo la Biblia al latín en los años 380s, conservó el lenguaje de gracia que aparece en el saludo de Gabriel a María. Tradujo el verso: "Salve, *llena de gracia*" (latín: *gratia plena*). Esta se ha convertido en la traducción tradicional que captura maravillosamente la forma en que el texto de Lucas usa la terminología de "gracia" para María.

¿De dónde sacó Jerónimo la idea de que alguien podría estar "lleno de gracia"? Curiosamente el concepto se encuentra en otro libro del Nuevo Testamento, los Hechos de los Apóstoles o "Hechos" para abreviar, que fue escrito como conclusión al Evangelio de Lucas. En Hechos leemos sobre el primer mártir cristiano Esteban quien es descrito como "lleno de gracia" (Hechos 6,8).

Sin embargo, debemos reconocer que si bien Hechos dice que Esteban está "lleno de gracia" (del griego: *plērēs charitos*) no se aplica a él el término específico que Gabriel usa para

María (*kecharitōmenē*). La palabra que Gabriel usa para ella sorprendentemente nunca se usa para nadie más en la Biblia; el gran erudito cristiano Orígenes reconoció esto en una homilía sobre Lucas pronunciada en algún momento entre los años 230 y 250 d.C. donde explica:

> El ángel saludó a María con saludo nuevo, que no se pude encontrar en ningún otro lugar de las Escrituras...La palabra griega es *kecharitōmenē*. No recuerdo haber leído esta palabra en otra parte de las Escrituras... *Este saludo estaba reservado solo para María.*[3]

María, entonces se asusta por el saludo del ángel porque se dirige a ella de una manera sin precedentes.

Pero podríamos preguntarnos ¿qué significa que María está "llena de gracia"?

La fe de María frente a la duda de Zacarías

La descripción de Lucas de la aparición del ángel a María suena muy similar a la escena anterior en la que el sacerdote Zacarías se encuentra con Gabriel en el templo. Considere al siguiente gráfico que compara las dos escenas:

Anunciación a Zacarías (Lucas 1)	Anunciación a María (Lucas 1)
Aparece el ángel Gabriel	Aparece el ángel Gabriel
Se dirige a Zacarías por su nombre	Se dirige a María como "llena de gracia"

---

3   Orígenes, *Homilies on Luke and Fragments on Luke*, trans. Joseph T. Lienhard (Washington, DC: Catholic University of America Press, 2009), 26; enfasis agregado.

Anunciación a Zacarías (Lucas 1)	Anunciación a María (Lucas 1)
Zacarías está "preocupado [*etarachthē*]" cuando ve al ángel	María está "perpleja [*dietarachthē*]" con en el saludo del ángel
"No tengas miedo"	"No tengas miedo"
"Le pondrás por nombre Juan"	"Le pondrás por nombre Jesús"
"¿Cómo voy a saber esto?"	"¿Cómo será esto, si no conozco varón?
No cree	"Hágase en mí ..."
Lucas 1,11, 13, 12, 13, 13, 18, 20	*Lucas 1,26, 28, 29, 30, 31, 34, 38*

La diferencia más llamativa de todas es la conclusión de las dos escenas en las que mientras Zacarías termina mudo "porque no diste crédito" (Lucas 1,20) María responde con fe: "Hágase en mí según tu palabra" (Lucas 1,38). Podríamos esperar que el sacerdote en el templo sea el que responda con fe, no es así; es la que está "llena de gracia" quien inmediatamente acepta la palabra que se le anunció.

Inmediatamente después de su encuentro con el ángel María hace el arduo viaje para visitar a Isabel presumiblemente para ayudarla durante su embarazo (Lucas 1,39–45). En lugar de pensar en sí misma, María da de sí misma, haciendo evidente la presencia de la gracia de Dios en ella.

El Señor está contigo

La identidad de María como "llena de gracia" se revela en su fidelidad siendo un modelo para los creyentes.

El poder de la gracia

Lucas da la descripción de María como un modelo para los cristianos. Todos en Cristo son receptores de la gracia siendo resaltado en la Carta a los Efesios donde se dice que todos los creyentes han sido "*agraciados* [del griego *daritōsen*]" (Efesios 1,6).

Pero ¿qué significa la "gracia"? Considera lo que el ángel le dice a María: "Salve, llena de gracia, *el Señor está contigo*" (Lucas 1,28); María está llena de gracia porque el Señor está presente en ella comparando Lucas a María con el Arca de la Alianza. La comparación es demoledora: un ser *humano* ahora está al mismo nivel que el arca sagrada. Al principio, esto puede parecer sorprendente, incluso inapropiado. ¿Puede una persona humana realmente ser tan santa? Sin embargo, este es precisamente el punto del nacimiento de Jesús.

El Mesías no viene por su propio bien sino por el nuestro. Cristo no sólo viene para liberarnos del pecado sino para *hacernos santos*. En el Evangelio de Lucas, María es la prueba principal de esto. Debemos notar que el ángel identifica a María como "llena de gracia" incluso *antes* de que acepte la palabra que se le anunció. El título "llena de gracia", por lo tanto, no es una recompensa por las buenas obras de María sino más bien expresa el don que Dios le ha otorgado. Más tarde ella dice: "Engrandece mi alma al Señor…por eso desde ahora todas las generaciones me llamarán bienaventurada" (Lucas 1,46, 48). Como afirma el estudioso de la Biblia Denis Farkasfalvy "llena de gracia" no es una "exageración".[4]

Aquí es donde encontramos el significado más profundo de la Navidad: aquel que creó el cosmos, el Señor todopoderoso del universo, demuestra su amor por la humanidad al convertirse en humano. En una homilía pronunciada el día

---

4   Denis Farkasfalvy, O.Cist., *The Marian Mystery: The Outline of a Mariology* (Staten Island: St. Pauls, 2014), 58.

de Navidad en el año 454 d.C. León el Magno dice que esto "supera el poder de la elocuencia humana",[5] el Hijo divino se convierte en parte de la familia de Adán para que sus hijos caídos puedan llegar a ser parte de la familia de Dios. En esto, el verdadero amor se revela como nos lo cuenta el Evangelio de Juan: "Porque tanto amó Dios al mundo que dio a su Hijo único" (Juan 3,16). La Navidad es por encima de todo una invitación a este amor por el cual el Salvador celestial desciende de las alturas del cielo para salvar a la humanidad de las profundidades del pecado. Pero Cristo no simplemente *desciende* a nuestro nivel, Él baja para que podamos ser *levantados*. En María, como el arca, vemos esto en su profundidad.

El ejemplo de María

¿Por qué María es capaz de decir sí al plan de Dios? Porque ella está "llena de gracia". ¿Qué es lo que la lleva a ir a visitar a Isabel? Una vez más su condición de "llena de gracia" explica su fidelidad. Entonces reflexionar sobre las historias acerca de María puede ayudarnos a entender lo que la gracia puede lograr en el creyente.

El mismo Señor que está presente en María vive en todos los que están en Cristo. En una homilía que se puede fechar aproximadamente en algún momento entre el año 397 d.C. y el año 430 D.C. Agustín dice:

> Lo que te maravilla de la persona de María, actúa en las profundidades de tu alma. Cuando crees de corazón en la justicia, *concibes* a Cristo; y cuando con los labios confiesas la salvación, *das a luz* a Cristo.[6]

---

5   León Magno, *Sermon* 30.1, en *Sermons*, trad. Jane Patricia Freeland y Agnes Josephine Conway (Washington, DC: Catholic University of America Press, 1996), 125.
6   Agustín, *Sermon* 196.1, en *Sermons III/6 on the Liturgical Seasons*, trad. Edmund Hill (Hyde Park, NY: New City Press, 1993), 43.

Agustín enfatiza en otra parte que María concibe a Jesús en su corazón por fe a través de la gracia *antes* de concebirlo en su vientre. El mismo Cristo que está presente en María está presente en todos aquellos que reciben su gracia, en este sentido todos los creyentes "dan a luz a Cristo". Esta gracia es lo que hace posible la fe, sin la ayuda de la gracia de Dios estamos perdidos; pero si pedimos gracia, nosotros también podemos responder con fe.

El himno "María, ¿Sabías que?" comunica todas las lecciones equivocadas acerca de la madre de Jesús. María no necesita que le expliquemos lo que Dios ha hecho. Es difícil entender cómo esta canción encuentra su camino en las iglesias cada año. ¿Es un himno clásico? No; fue escrito hace relativamente poco tiempo (1984). ¿Fue escrito por un compositor legendario? No, fue escrito por el comediante cristiano protestante, Mark Lowry.

Una vez que uno mira de cerca lo que dice el Nuevo Testamento acerca de lo que María sabe, hace que sea virtualmente imposible ver cómo estas letras pueden ser cantadas en las iglesias. Aunque no usa las palabras precisas de la canción, el Evangelio de Lucas narra que un ángel vino y le reveló a María exactamente quién sería su hijo: el Mesías. Como judía del primer siglo María habría entendido que el Cristo la "liberaría" a ella y al resto del pueblo de Dios. De acuerdo con libros como Isaías, María probablemente habría vinculado la restauración próxima de Israel con la esperanza de una "nueva creación". La canción le pregunta a María: "¿Sabías que tu bebé ha venido a hacerte nueva?" de acuerdo con el Evangelio de Lucas vemos que ella lo hizo además de que nos muestra con su fidelidad cómo es posible esto. En lugar de instruir a María con humildad podemos aprender de su ejemplo.

Pero María no es simplemente llamada "llena de gracia"; también se la identifica tradicionalmente como la "Virgen

María". ¿Por qué es esta una característica tan prominente de la historia de la Navidad? En nuestro próximo capítulo veremos por qué era apropiado que María fuera conocida como "la Virgen" y lo que eso significa para nosotros.

5

"La Virgen está allí":
Por qué una Madre *Virgen*

Tal vez el himno navideño más conocido es "Noche de Paz" cuya letra original en alemán fue escrita en 1818 por Joseph Mohr un sacerdote católico austriaco. La traducción al inglés de la misma proviene de la pluma de John Freeman Young y difiere un poco a como es conocida en español. La traducción a la letra original sería:

> Noche silenciosa, noche santa
> Todo es calma, todo brilla
> La Virgen está allí, la Madre y el Hijo.

Las palabras de esta canción clásica han perdurado por su belleza pero en la versión original se utiliza la expresión "Round yon Virgin". ¿Qué significa? La palabra "yon" es la abreviatura de "yonder" significando algo así como "allí". El resto de la letra significa ("round") que alrededor de Cristo y María hay paz ("todo es calma") y se ve luz de la gloria ("todo brilla").

Aun así ¿por qué es tan importante que la madre de Jesús sea *virgen* después de todo? Aquí examinaremos esta cuestión más de cerca.

Una Virgen concebirá

El Evangelio de Mateo nos dice que el Nacimiento de Jesús de la Virgen representa el cumplimiento de una profecía del libro de Isaías.

> Ahora todo esto ocurrió con el fin de cumplir con lo que fue dicho por el Señor a través del profeta: "Ved que la virgen concebirá y dará a luz un hijo, y le pondrán por nombre Emanuel [Isaías 7,14]," que se traduce "Dios con nosotros." (Mateo 1,22–23)

La concepción virginal de Jesús en María, se nos dice, cumple con el oráculo de Isaías de una "virgen concebirá un niño." Pero, ¿Mateo ha leído mal esta profecía? ¿Y qué tiene de importante?

Preguntas sobre la Profecía de Immanuel

Como hemos visto, en el Antiguo Testamento Dios promete dar a David un reino que durará "eternamente" (2 Samuel 7,12–16). En la época del profeta Isaías, sin embargo, ese reino parece estar al borde de la aniquilación, dos naciones poderosas forman una coalición contra el sucesor del trono de David, el rey Ajaz cuya derrota parece inminente. Es en este punto que Isaías entrega su famosa profecía del Emanuel.

Isaías le dice al rey Ajaz:

> Pues bien, el Señor mismo va a daros una señal: He aquí que una doncella está encinta y va a dar a luz un hijo, y le pondrá por nombre Emanuel...Porque antes que sepa el niño rehusar lo malo y elegir lo bueno, será abandonado el territorio cuyos dos reyes te dan miedo. (Isaías 7,14, 16)

A través de Isaías Dios le asegura al rey Ajaz que el reino de David será salvado y que sus enemigos pronto serán derribados; nacerá un niño, y antes incluso de que llegue a la mayoría de edad —"antes que sepa el niño rehusar lo malo y elegir lo bueno"— las naciones a las que le teme serán derrotadas ("será abandonado el territorio cuyos dos reyes te dan miedo"). En resumen, el reino de David sobrevivirá, las naciones que se oponen a él están a punto de ser derrotadas.

Como mencioné anteriormente dentro del libro de Isaías, la profecía de Emanuel parece estar relacionada con el hijo del rey Ajaz, el rey Ezequías, cuando usa la expresión "tu tierra, Emanuel" (Isaías 8,8). Parecería como si la tierra perteneciera de alguna manera a Emanuel ajustándose a la idea de que en el futuro será gobernante real. De ahí que fuentes judías posteriores conectan explícitamente el pasaje de Emanuel con Ezequías.[1]

Pero si el oráculo aborda una situación en los años 700 a.C., ¿cómo puede Mateo decir que se cumple en Jesús? Algunos argumentan que Mateo ha entendido mal el pasaje en Isaías afirmando que no tiene nada que ver con el Nacimiento de Jesús de la Virgen. Nótese que la palabra "virgen" nunca aparece en la traducción del oráculo de Isaías dado anteriormente. ¿Por qué? En el hebreo original a la madre del niño Emanuel se le llama un *'almah*, que significa "mujer joven". Hay otra palabra hebrea que significa más explícitamente "virgen", *bethulah*, sin embargo, como muchos han señalado, la profecía del Emanuel de Isaías no usa este último término.

¿Ha cometido Mateo un error? Para entender su uso del oráculo de Isaías necesitamos reconocer que el escritor del Evangelio lo interpreta de una manera *judía*.

---

1 Ver *Exodus Rabbah* 18,5; *Numbers Rabbah* 14,2; cfr. también Justin Martyr, *Dialogue with Trypho* 43.8; 67.1; 77.1.

El Mesías como Emanuel

Para entender el uso de Mateo de la profecía de Isaías veamos otro oráculo que se encuentra en el libro de Miqueas. Allí oímos hablar de un gobernante que viene de Belén:

> Mas tú, Belén Efratá, aunque eres la menor entre las familias de Judá, de ti ha de salir *aquel que ha de dominar en Israel, y cuyos orígenes son de antigüedad, desde los días de antaño.* Por eso él los abandonará hasta el tiempo en que dé luz la que ha de dar luz. (Miqueas 5,1–2)

Este pasaje de Miqueas como veremos más adelante se vuelve importante para la historia de la Navidad. En el Evangelio de Mateo el nacimiento de Jesús en Belén se considera como el cumplimiento de la profecía de Miqueas (Mateo 2,3–6). Aun así para nuestros propósitos aquí, hay que anotar que el oráculo de Miqueas tiene notables paralelismos con la profecía de Emanuel en Isaías.

Oráculo del nacimiento de Immanuel (Isaías 7,14)	Oráculo del nacimiento del futuro gobernante (Miqueas 5,3)
"Pues bien, el Señor mismo va a daros…"	"Por eso él los abandonará hasta el tiempo en que de…"
"…una doncella está encinta y va a dar a luz"	"…en que dé luz la que ha de dar luz"

Es difícil pensar que estas similitudes sean meramente casuales, de hecho, los estudiosos han argumentado que la profecía de Miqueas sobre el futuro gobernante de Belén ha sido tomada intencionalmente del oráculo de Immanuel de

Isaías.[2] En otras palabras, Miqueas parece aplicar el pasaje en Isaías a la noción de un gobernante venidero del linaje de David. Valora las fuentes judías posteriores que interpretan explícitamente la profecía de Miqueas como una referencia al Mesías.[3] Todo esto tiene sentido.

En su nivel más fundamental la profecía de Isaías sobre Immanuel confirma la promesa de Dios de preservar el reino de David empero ni Ezequías ni ningún otro rey en el pasado de Israel logró una paz duradera. Por lo tanto, el oráculo de Isaías podría usarse en referencia a un futuro gobernante, un hijo venidero de David por excelencia; en ese *futuro* rey, la profecía de Immanuel encontraría su significado más profundo.

Por lo tanto Mateo entiende naturalmente en Jesús al verdadero "Emanuel" dándose cumplimiento a las promesas de Dios. Isaías asegura al rey Ajaz que el reino de David será salvado, en Cristo, esto se realiza en su sentido más profundo: en Él, el reino de David se preserva para siempre.

Además, Mateo nos muestra que Jesús realmente es "Emanuel", él es "Dios con nosotros". Como en el Evangelio de Lucas Jesús es identificado en Mateo como "Señor, Señor" (Mateo 7,21; cfr. Mateo 25,11). Como hemos visto en la versión griega del Antiguo Testamento el doble uso de "Señor, Señor" se aplica solo para el Dios de Israel. Al hablar de sí mismo como "Señor, Señor", entonces, Jesús revela su identidad divina. También en Mateo podrían ser destacados otros indicadores de la divinidad de Jesús. Al final del Evangelio, por ejemplo, Jesús dice a sus discípulos que salgan a todas las naciones y "[bauticen] en el nombre del Padre y del Hijo y del Espíritu Santo" (Mateo 28,19). El erudito del Nuevo Testamento John Meier escribe:

---

2   Ver, e.g., Hans Walter Wolff, *Micah: A Commentary*, trans. Gary Stansell (Minneapolis: Fortress, 1990), 145.

3   Ver Targum en Miqueas 5,2–3 y Targum Pseudo-Jonathan en Génesis 35,21. (Un Targum es una antigua traducción de la Biblia hebrea al idioma arameo.)

Difícilmente se podría imaginar una proclamación más poderosa de la divinidad de Cristo —y, de paso, de la diferente personalidad del Espíritu— que esta lista de todos juntos, en un mismo nivel de igualdad, el Padre, el Hijo y el Espíritu. Uno no bautiza a las personas en el nombre de una persona divina, una criatura santa y una fuerza divina impersonal.[4]

Al final Mateo muestra que la promesa de "Dios con nosotros" se realiza en su sentido más verdadero en Jesús. Uno no necesita insistir en que la profecía de Isaías se refiere *a* Ezequías *o* a Jesús, la profecía puede referirse a *ambos* aunque para Mateo tiene su significado más profundo en Cristo.

María como la Virgen Madre de Emanuel

Si Jesús es verdaderamente el "Dios con nosotros" Mateo nos muestra que la profecía de Isaías se aplica apropiadamente a Jesús por otra razón: sorprendentemente, la madre del Emanuel es una verdadera "virgen". Si bien la palabra hebrea *'almah* utilizada en el oráculo de Isaías no significa *necesariamente* virgen, a menudo incluye esa connotación. La palabra generalmente se refiere a una mujer joven y soltera, por esta razón, una mujer descrita como un *'almah* es típicamente virgen. En el Génesis, por ejemplo, *'almah* se aplica a Rebeca (Génesis 24,43) quien en ese momento, también se dice explícitamente que es una "virgen" (*bethulah*; Génesis 24,16). Esto explica la forma en que la profecía de Isaías fue traducida a la versión griega del Antiguo Testamento, allí la palabra hebrea *'almah* se representa con el término griego *parthenos*, la palabra estándar para "virgen". El oráculo de Isaías por lo tanto

4   John P. Meier, *Matthew*, New Message 3 (Wilmington: Michael Glazier, 1980), 371–72.

puede ser visto como que se cumple múltiples veces, puede referirse a alguien como Ezequías quien no fue el producto de un nacimiento virgen; también se realiza en su sentido más pleno en la concepción de Jesús en María: ella es la verdadera madre virgen del "Dios con nosotros".

¿Por qué es tan importante que María sea una "virgen" en primer lugar? Como hemos visto su identidad como virgen confirma que Jesús no tiene padre humano, Él es el verdadero Hijo de Dios, no por adopción como los reyes del Antiguo Testamento, sino por naturaleza. El Nacimiento de la Virgen revela que, si bien Él es completamente humano también es verdaderamente el Emanuel, el "Dios con nosotros".

Finalmente, hay una última cosa que decir acerca de cómo cumple Jesús la profecía de Isaías. Si el niño Immanuel se refiere a un futuro rey, lo que parece probable, esto tiene una consecuencia importante para la identidad de la madre del niño. En el reino de David, la madre del rey a menudo servía como reina (2 Reyes 10,13; Jeremías 29,2).[5] La Biblia, por ejemplo, relata cómo el rey Salomón, el hijo de David, trató a su madre Betsabé como realeza:

Entró Betsabé donde el rey Salomón para hablarle acerca de Adonías. Se levantó el rey, fue a su encuentro y *se postró ante ella*, y se sentó en su trono; *pusieron un trono para la madre del rey* y *ella se sentó a su diestra*. Ella dijo: "Tengo que hacerte una pequeña petición, no me la niegues". Dijo el rey: *"Pide, madre mía, porque no te la negaré"*. (1 Reyes 2,19–20)

Nótese que a la madre del rey se le da un "trono" (del hebreo: *kissē'*) como el de Salomón además de que vemos que la reina madre hace peticiones al rey en nombre de los demás.

---

5   Ver el estudio completo en Edward Sri, *Queen Mother: A Biblical Theology of Mary's Queenship* (Steubenville: Emmaus Academic, 2005).

Si el niño Emanuel es un futuro rey, la madre de Emanuel es probablemente la reina. Por consiguiente, si Jesús es Emanuel, esto tiene implicaciones para María, ella sería la reina madre. De acuerdo con esta línea de pensamiento también se dice que la mujer presentada como la madre de Jesús en el libro de Apocalipsis lleva una "corona" (Apocalipsis 12,1). Además, podemos observar que María lleva las necesidades de los demás a Jesús en el Evangelio de Juan (Juan 2,3). Cuando la reina madre trajo peticiones al hijo de David en el Antiguo Testamento, María intercede en nombre de los demás, llevando sus necesidades a Jesús. Ver a María como la reina madre no es, por lo tanto, de alguna manera inapropiado, en ningún momento desmerece la identidad de Jesús como Rey, de hecho, Jesús comparte su dominio con otros. Como el rey Salomón tenía doce oficiales sobre su reino (1 Reyes 4,7), por ejemplo, Jesús nombra a los doce apóstoles para juzgar a las doce tribus de Israel (Mateo 19,28; Lucas 22,30). En esto, Jesús cumple las esperanzas de la restauración del reino de David. Ver a María como reina madre encaja bien con este tipo de plenitud; así como el rey en el Antiguo Testamento tenía doce oficiales y una reina madre, es apropiado que Jesús también lo tenga.

Sin embargo, el significado de la virginidad de María no se debe simplemente a la profecía de Isaías de Emanuel. Aunque puede estar en el fondo de su Evangelio, Lucas, a diferencia de Mateo, nunca lo cita. Aquí consideraremos otra razón por la que la virginidad de María es apropiada. Pero antes de llegar a eso, veamos el papel de María como virgen en el Evangelio de Lucas.

María como Virgen

Después de que Gabriel le anuncia a María que ella será la madre del Mesías, ella responde con una pregunta que comienza: "¿Cómo será esto?" (Lucas 1,34) lo cual parece una reacción extraña a la noticia del ángel. María está prometida, pronto comenzará a vivir con su marido. ¿Por qué, entonces, le sorprendería saber que tendrá un hijo?

"No conozco varón"

La pregunta completa que María le hace a Gabriel es "¿Cómo será esto, pues *no conozco varón* [*andra ou ginōskō*]?" (Lucas 1,34). "Conocer varón" obviamente se refiere a tener relaciones sexuales, en el nivel más sencillo María está diciendo "No tengo relaciones sexuales", sin embargo, su respuesta parece implicar más que eso.

Cuando miramos de cerca la pregunta de María en el griego original parece que está diciendo que tiene la intención de permanecer virgen. El erudito del Nuevo Testamento Brant Pitre explica:

> Las palabras de María… tienen la misma fuerza que la frase: "yo no fumo". Así como alguien que dice, "Yo no fumo" significa "No fumo (actualmente) ni tengo ninguna intención de fumar (en el futuro)", también las palabras de María significan "No tengo relaciones sexuales (actualmente) ni tengo la intención de tener relaciones (en el futuro)."[6]

Sin embargo, si María espera seguir siendo virgen, ¿por qué está prometida?

Algunos han sugerido que no deberíamos leer demasiado en la pregunta de cómo María puede concebir un hijo ya que es virgen. Se afirma que Lucas sólo hace que María diga esto

---

6   Brant Pitre, *Jesus and the Jewish Roots of Mary: Unveiling the Mother of the Messiah* (New York: Image, 2018), 106.

para que Gabriel tenga una razón para explicar cómo nacerá
Jesús. Se afirma por lo tanto no tiene por qué tener sentido,
sólo sirve como un paralelo a la escena con Zacarías, quien
también le hace una pregunta al ángel cuando escucha la noticia de que su esposa concebirá (Lucas 1,18: "¿En qué lo conoceré? Porque yo soy viejo, y mi esposa avanzada en edad").
Con todo, esto no es convincente. Lucas es un escritor hábil
que podría haber redactado la respuesta de María de manera
diferente. Como escribe el erudito del Nuevo Testamento
David Landry, "la historia debe tener sentido como una historia para el lector."[7]

Por su parte, Landry insiste que María asume que el ángel
quiere decir que su embarazo comenzará inmediatamente, es
decir, antes de que viva con José; ella está confundida porque no sabe cómo puede suceder esto. Sin embargo, como
otros eruditos del Nuevo Testamento observan, esto también
es insatisfactorio. El ángel sólo le ha dicho a María que ella
iba a concebir en algún momento en el futuro, no que esto es
inminente.[8] De hecho, María no dice: "*Todavía* no conozco
varón", sino que insiste: "No conozco varón", lo que, como
hemos visto, indica que tiene la intención de abstenerse de la
actividad sexual.

Los antiguos escritores cristianos tanto en Oriente como en
Occidente tenían otra explicación para la respuesta de María,
creían que la pregunta sólo tiene sentido si ella ha tomado
algún tipo de voto sagrado de virginidad. Esta idea aparece
por primera vez en un libro conocido como el *Protoevangelio
de Santiago* que se puede fechar aproximadamente en algún
momento a finales de los años 100,[9] cuya obra contiene

---

7   David T. Landry, "Narrative Logic in the Annunciation to Mary" (Lucas 1,26–38)," *Journal
of Biblical Literature* 114/1 (1995): 65–79.
8   John Nolland, *Luke*, 3 vols. (Dallas: Word Books, 1989), 1,52.
9   Bart Ehrman and Zlatko Pleše, *The Apocryphal Gospels* (Oxford: Oxford University Press,
2011), 31–35.

muchos problemas, incluyendo inexactitudes históricas sobre el mundo judío del primer siglo; sin embargo, nos muestra que la creencia de que María había tomado algún tipo de voto de virginidad fue sostenida por cristianos primitivos.

Pero, ¿es creíble que María hubiera esperado permanecer virgen después de haber sido prometida a José?

Abstinencia sexual en el antiguo mundo judío

El erudito del Nuevo Testamento Raymond Brown afirma: "En nuestro conocimiento del judaísmo palestino no hay nada que explique por qué una niña de doce años habría contraído matrimonio con la intención de preservar la virginidad".[10] Él argumenta que es poco probable que María eligiera no tener hijos, ya que no tener hijos se consideraba que era caer en un estado de desgracia (Lucas 1,25). Sin embargo, aunque Brown era un erudito meticuloso, trabajos más recientes plantean cuestiones que socavan su posición. Por un lado, su insistencia en que la falta de hijos siempre fue vista como un signo de rechazo divino debe ser cuestionada.[11] Sostener que ninguna mujer judía se abstendría de tener hijos debido a la preocupación de ser estigmatizada socialmente no es convincente.

Más importante aún, la declaración de Brown de que "no hay nada que explique" la aparente intención de María de permanecer virgen también ha demostrado ser inexacta. Brant Pitre destaca la evidencia que indica que al menos algunas mujeres judías si hicieron tales promesas.[12] En la Torá, la fuente más autorizada para la vida judía antigua, encontramos

---

10 Raymond E. Brown, *The Birth of the Messiah: New Updated Edition* (New Haven: Yale University Press, 1993), 304–5.

11 Candida R. Moss y Joel S. Baden, Reconceiving Infertility: Biblical Perspectives on Procreation and Childlessness (Princeton: Princeton University Press, 2015).

12 Para lo que sigue, vea la discusión y las fuentes en Pitre, *Jesus and the Jewish Roots of Mary*, 108–12.

leyes que tratan específicamente de los votos tomados por las mujeres. En el libro de números se dice que los padres y esposos pueden invalidar tales votos, esta no era una sección oscura de la ley, es cita en otras fuentes judías.[13]

Con respecto a los votos tomados por una esposa, la Torá dice:

Cualquier voto o compromiso jurado que grava a la mujer, puede ratificarlo o anularlo el *marido.* (Números 30,14)

¿Qué tipo de voto vemos aquí? El pasaje habla de un voto a través del cual una mujer se compromete a "negarse a sí misma" (*'annoth nephesh*, Números 30,13). Como muestra Pitre este término también puede referirse al ayuno, los eruditos del Antiguo Testamento como Jacob Milgrom han observado que igual puede referirse a la abstinencia sexual.[14] En este contexto este significado tiene más sentido.

Antiguos autores nos informan que las promesas de abstinencia sexual fueron hechas por al menos algunos judíos en el siglo I. Esta era una práctica asociada con los esenios y los therapeutae.[15] Los Manuscritos del Mar Muerto también indican que los miembros casados de su comunidad sólo tenían relaciones con el propósito de la procreación; fuera de eso, tener relaciones era visto como pecaminoso. Esta es probablemente la razón por la que los Manuscritos hablan de "aquel que se acerca a fornicar con su esposa en contra de la Ley".[16] Tener relaciones sexuales aparte de la procreación era para estos contemporáneos de María, equivalente a la fornicación. Algunos insistirán en que estos otros grupos judíos no tienen nada que

13   11QTemple (11Q19) 54:1–7; Philo, *Special Laws* 2.24; *Allegorical Interpretation* 2.63.

14   Jacob Milgrom, *Numbers*: The JPS Torah Commentary (Philadelphia: Jewish Publication Society, 1990), 246; Baruch Levine, *Numbers 21–36*, Anchor Bible 4A (New York: Doubleday, 2000), 433.

15   Josefo, *Jewish War* 2.160–61; Philo, *On the Contemplative Life* 68.

16   4Q270 7.i.12–13.

ver con la comprensión de la perspectiva de María en Lucas lo que tampoco es convincente. Aunque ella no era miembro de su comunidad vemos que la abstinencia sexual era apreciada por al menos algunos de sus contemporáneos judíos.

Finalmente, la Mishná —una colección del siglo II que contiene antiguas tradiciones judías— indica que los judíos casados tomaban votos de abstinencia sexual lo que podría servir como motivo para el divorcio.[17] Si bien tales fuentes deben usarse con cautela no hay razón para creer que esto carezca de una base histórica. Por lo tanto, que María hubiera planeado practicar la abstinencia sexual después de casarse no es tan descabellado como algunos han hecho parecer.

Los "hermanos" y "hermanas" de Jesús

Antes de seguir adelante, debemos mencionar pasajes que se citan como evidencia de que María no permaneció virgen.[18] El más nombrado en el Nuevo Testamento habla de que Jesús tiene "hermanos" y "hermanas". La gente en el Evangelio de Marcos, por ejemplo, sorprendida por el ministerio de Jesús pregunta:

> "¿No es éste el carpintero, el hijo de María y *hermano de Santiago, Joset, Judas y Simón?* ¿Y no están *sus hermanas* aquí entre nosotros?" (Marcos 6,3; cfr. Mateo 13,55–56)

En cambio no es tan claro como algunas personas hacen que los llamados "hermanos" y "hermanas" de Jesús sean hijos de su madre. Por un lado, los sustantivos griegos usados para

---

17 Mishnah Ketuboth 7:3–7.
18 Para más fuentes y discusión, ver el excelente estudio de James Prothro, "Semper Virgo? A Biblical Review of a Debated Dogma," *Pro Ecclesia* 28 (2019): 78–97.

"hermano" (del griego: *adelphos*) y "hermana" (del griego: *adelphē*) también pueden referirse a primos u otros parientes. Para dar sólo un ejemplo en la versión griega del Antiguo Testamento, Abraham se refiere a su sobrino Lot como su "hermano", usando el mismo sustantivo que se usa para los parientes de Jesús (Génesis 13,8: *adelphos*).

Además nunca se dice que ninguno de los "hermanos" o "hermanas" de Jesús sean hijos de la madre de Jesús. Algunos escritores antiguos creían que eran hijos de José de una esposa anterior que había muerto, sin embargo, esto parece poco probable. Si seguimos de cerca la forma en que se desarrolla el Evangelio de Marcos encontramos una buena razón para pensar que los "hermanos" y "hermanas" de Jesús son los hijos de *una mujer diferente que está viva a la hora de la muerte de Jesús.*

En el relato que hace Marcos de la Crucifixión de Jesús se nos habla de las mujeres que presenciaron su muerte:

> Había también unas mujeres mirando desde lejos, entre ellas María Magdalena, María *la madre de Santiago el menor y de Joset* y Salomé que le seguían y le servían cuando estaba en Galilea y otras muchas que habían subido con él a Jerusalén. (Marcos 15,40–41)

¿Quién es la persona llamada "María *la madre de Santiago el menor y Joset*"? Marcos simplemente la identifica nombrando a sus hijos Santiago y Joset, pareciendo creer que el lector reconocerá a estos hermanos. Pero si es así, ¿quiénes son? ¿Qué los hace tan importantes? ¿Ya los hemos encontrado en la historia del Evangelio? Parece que lo hemos hecho— se dice que Santiago y Joset son los "hermanos" de Jesús en el mismo pasaje que citamos anteriormente que habla de los parientes de Jesús (Marcos 6,3). Los nombres "Santiago" y "Joset" significativamente nunca aparecen juntos en ningún otro aparte de Marcos, por lo tanto más tarde cuando se nos habla de una mujer que es la madre de un "Santiago" y un "Joset", significa que *lo más probable es que estos son los mismos hombres mencionados anteriormente.* Santiago y Joset son probablemente los hijos de otra María, no la madre de Jesús. Si Jesús fuera su hijo, la manera más fácil de aclarar su identidad habría sido llamarla "María la madre de Jesús".[19] Por consiguiente, Santiago y Joset probablemente no son hijos de la madre de Jesús.

La evidencia que corrobora esto se puede encontrar en el Evangelio de Juan en su relato de la Crucifixión de Jesús donde nos dice:

> Junto a la cruz de Jesús estaban *su madre y la hermana de su madre, María, mujer de Clopás* y María Magdalena. (Juan 19,25)

Juan confirma lo que Marcos también narra, había otra María al pie de la Cruz además de María, la madre de Jesús (y María Magdalena): "María la esposa de Clopás". Aunque es posible que la referencia a la "hermana de la madre" de Jesús se refiera a otra persona distinta, sin nombre, esto sería extraño. ¿Por qué nombrar a todas las otras mujeres excepto a ésta? Por lo que parece más probable que la "hermana de la madre" de Jesús sea "María la esposa de Clopás". (Juan 19,25). Si esta otra María es a la vez la madre de Santiago y Joset y la "hermana de la madre" de Jesús, tenemos la confirmación de que Santiago y Joset son primos de Jesús. Además, si Santiago y Joset no son los hijos de la madre de Jesús no hay razón para insistir en que sus otros "hermanos" y "hermanas" son sus hijos. Por estas y otras razones, los antiguos escritores cristianos concluyeron que estos parientes son primos de Jesús.[20]

---

19 Joel Marcus, *Mark 8–16*, Anchor Yale Bible 27A (New Haven, CT: Yale University Press, 2009), 1060.
20 Ver, e.g., Jerome, *Against Helvidius* 12.

Otros pasajes relacionados con la pregunta acerca de la virginidad de María

La gente ha señalado otros versículos en los Evangelios como "prueba" de que María tuvo hijos después de Jesús. En Mateo, por ejemplo, leemos que José tomó a María como su esposa pero "no la conoció hasta que dio a luz a un hijo" (Mateo 1,25). A veces se dice que esto es evidencia de que María tuvo relaciones matrimoniales normales con José después del nacimiento de Jesús, aunque esto contradice al griego. El antiguo estudioso de la Biblia Jerónimo señala que la palabra griega traducida "*hasta*" [*heos*] no se refiere necesariamente a un cambio en las circunstancias; por ejemplo, Jesús les dice a los discípulos que él estará con ellos "*hasta* [*heos*] el fin del mundo" (Mateo 28,20). Sería un error concluir que esto significa que los abandonará después de la Segunda Venida. Del mismo modo, la traducción griega del Antiguo Testamento dice que la hija del rey Saúl "no tuvo ningún hijo *hasta*" [*heos*] el día de su muerte" (2 Samuel 6,23). La palabra "hasta" (*heos*) no implica que esta situación cambió después de su muerte, simplemente significa lo que dice: no tuvo hijos *hasta el momento en que murió*. Por lo tanto, cuando Mateo dice que José no tuvo relaciones con María "hasta que" Jesús nació, no implica necesariamente que esto cambió después de la natividad, simplemente está argumentando el punto de que José no puede ser el padre biológico de Jesús. Leer más en el verso es ir más allá de su significado.

Otros señalan que en Lucas Jesús es llamado el hijo "primogénito" de María (Lucas 2,7), sin embargo, esto no tiene por qué implicar que ella tuvo otros hijos, la expresión se refiere a la condición jurídica de un niño en virtud de la ley mosaica (Éxodo 13,2; Números 3,12).

Hay buenas razones para pensar entonces que la pregunta de María al ángel indica que espera *seguir siendo* virgen por lo cual la noticia de que tendrá un hijo es asombrosa. Dios está cumpliendo las esperanzas de Israel de maneras espectaculares, de formas que nadie podría haber anticipado, el nacimiento del Mesías a una virgen se ajusta a este patrón. Pero hay otra razón por la que la virginidad de María es significativa.

La nueva creación

En el Nuevo Testamento la virginidad puede estar conectada con la esperanza judía de una *nueva creación* que puede verse de varias maneras. Notablemente en los Evangelios de Mateo y Lucas se enfatiza esta idea de la virginidad de María.

Esperanzas judías por una nueva creación

Como hemos discutido antes, las expectativas judías para el futuro a menudo involucraban la idea de que Dios traería consigo una nueva creación. El Señor declara lo siguiente en el libro de Isaías:

> Pues he aquí que yo creo *cielos nuevos y tierra nueva*. (Isaías 65,17)

Las expectativas para la renovación del cosmos se pueden encontrar en otras fuentes judías antiguas como las obras no bíblicas 1 Enoc y Jubileos (1 Enoc 45,1–5; 72,1; Jubileos 1,29; 4,26).

Lo que debemos enfatizar aquí es que la esperanza de una nueva creación que viene estaba vinculada a las creencias de la resurrección de los muertos. En 2 Macabeos, por ejemplo, una madre justa anima valientemente a su hijo a abrazar el martirio por la fe judía, al hacerlo, ella explica que el Creador algún día lo elevará a una nueva vida:

> *El creador del mundo, el que modeló al hombre en su nacimiento*
> *y proyectó el origen de todas las cosas, os devolverá el espíritu y la*
> *vida* con su misericordia. (2 Macabeos 7,23)

Así como Dios creó el mundo, también Él traerá consigo una *nueva creación* que implicará la resurrección de los justos. Los muertos entonces compartirán la futura renovación del cosmos por parte de Dios. En el Nuevo Testamento Jesús afirma claramente tales esperanzas.

La virginidad y la nueva creación

Las esperanzas judías de la nueva creación son afirmadas por Jesús en los Evangelios; en Mateo nos habla de una "nueva creación" (del griego: *palingenesia*, Mateo 19,28) afirmando también que los justos compartirán la nueva creación a través de la resurrección.

Para nuestros propósitos debemos hacer una observación adicional: según Jesús, los justos que resucitan de entre los muertos *no se casarán*. Considere el siguiente pasaje del Evangelio de Lucas:

> Los hijos de este mundo toman mujer o marido; pero los que alcancen a ser dignos de tener parte en aquel mundo y en la resurrección de entre los muertos, *ni ellos tomarán mujer ni ellas marido.* (Lucas 20,34–35)

Según Jesús aquellos que comparten la nueva creación a través de la resurrección del cuerpo tendrán un estatus virginal, "ni se casan ni se dan en matrimonio". Jesús hace este mismo énfasis en los Evangelios de Mateo y Marcos (Mateo 22,30; Marcos 12,25).

Curiosamente, la conexión entre la virginidad y la nueva creación también se puede encontrar en los escritos de Pablo. En 1 Corintios, Pablo anima a sus lectores a no casarse: "El que se casa con su novia, obra bien, y el que no se casa, obra mejor" (1 Corintios 7,38). Sin duda, Pablo no está denigrando el matrimonio, afirma que el matrimonio es un "llamado" divino (1 Corintios 7,17) pero también cree que algunos deben permanecer vírgenes. Él exhorta:

> La mujer no casada, lo mismo de la doncella, se preocupa de las cosas del Señor, de ser santa en cuerpo y en el espíritu. Más la casada se preocupa de las cosas del mundo, de cómo agradar a su marido. (1 Corintios 7,34)

Para el Apóstol la vida conyugal pertenece a este mundo, es decir, a la vieja creación. Aquellos que eligen la virginidad, entonces, parecen hacerlo por una renuncia a las "cosas del mundo" (1 Corintios 7,33).

En particular, Pablo presenta su enseñanza acerca de la virginidad con una declaración acerca de la fugacidad del mundo presente:

> *Porque la apariencia de este mundo pasa.* (1 Corintios 7,31)

La virginidad entonces es un llamado anclado en el reconocimiento de que la forma actual del mundo está pasando donde la virginidad está conectada con la esperanza de un *nuevo mundo, una nueva creación.*

A la luz de la enseñanza más amplia del Nuevo Testamento podemos ver por qué es especialmente apropiado que María sea la madre *virgen* de Jesús. El Mesías marca el comienzo de la nueva creación. Pablo dice que aquellos que están en Cristo son una "nueva creación" (2 Corintios 5,17). Ya que María es la madre del Mesías, es apropiado que se le conozca como la "Virgen María" lo cual no significa que todos los cristianos estén llamados a ser vírgenes, simplemente expresa que María simboliza en su virginidad la nueva creación que Jesús viene a inaugurar.

María como la nueva Eva

Finalmente, debemos mencionar que los primeros Padres de la Iglesia vieron un gran significado en el hecho de que la redención del mundo vino a través del Sí de una virgen. Los antiguos escritores cristianos concluyeron que cuando Adán y Eva pecaron todavía eran vírgenes. ¿Por qué? Porque el Génesis nos dice que Adán "conoció" a su esposa *después* de que fueron expulsados del Jardín del Edén, lo que sucedió debido a su desobediencia a Dios (Génesis 4,1). Escribiendo en algún lugar alrededor del año 180 D.C. el Obispo cristiano Irineo creía que esto tenía implicaciones importantes para interpretar el papel de María en el Evangelio de Lucas.

Irineo señala que, a diferencia del Evangelio de Mateo, que se sólo remonta a la genealogía humana de Jesús a Abraham, la lista de Lucas de los antepasados de Jesús se remonta hasta el mismo Adán (Lucas 3,23–38). Irineo argumenta que esto es digno de mención, comienza diciendo: "Adán se convirtió en el comienzo de los que mueren"; luego destaca cómo María revierte la desobediencia de Eva:

El nudo de la desobediencia de Eva se soltó por la obediencia de María. *Lo que la virgen Eva había atado rápidamente a través de la incredulidad, esto hizo que la virgen María liberara a través de la fe.*[21]

---

21   Irineo, *Against Heresies* 3.22.4, en *The Ante-Nicene Fathers*, 9 vols., ed. Alexander Roberts and James Donaldson (Buffalo: Christian Literature, 1885), 1:455 (hereafter cited as *Ante-Nicene Fathers*).

Para Irineo la Virgen María tiene éxito donde fracasó la virgen Eva. Con Adán, Eva introduce el pecado en el mundo, sin embargo, la Virgen María es fiel y por lo tanto se convierte en la madre del Redentor. Ya que Pablo habla de Jesús como el Nuevo Adán (1 Corintios 15,45; Romanos 5,14), los primeros escritores cristianos encontraron obvio identificar a María como la Nueva Eva.

Todo esto resalta un punto mencionado anteriormente: la virginidad de María es importante porque señala la forma en que el Mesías, su hijo, marca el comienzo de una nueva creación. En los albores de los tiempos, Eva fue llamada la "madre de todos los vivientes" (Génesis 3,20), María puede ser vista como la "Nueva Eva", la madre de todos los que viven en Cristo.

Volviendo a un punto anterior, la Navidad es un regreso a casa. Jesús no sólo reina sobre un reino, sino que este reino también es una *familia*. María no sólo comparte el reinado de su hijo, sino también todos los creyentes; no es de extrañar entonces que Jesús hable más tarde de aquellos que aceptan sus enseñanzas como "hijos del reino" (Mateo 13,38). En Navidad se nos recuerda que al igual que María nosotros también debemos ser incluidos en la familia real de Cristo. Como dice el villancico "Noche de paz", nos reunimos "allí" con ella que está con Cristo en la familia de Dios, donde "brilla la estrella de paz".

Entre tanto María no es la única que debe ajustar las expectativas debido a la venida de Jesús, lo mismo es verdad también para José. Pasamos ahora a examinar su papel en la historia de Navidad.

6

"¿Quién es este niño?": José y su dilema

El tradicional himno navideño inglés "What Child Is This?", escrito por William Chatterson Dix en 1865 y cuya versión no existe en español se traduce en "¿Quién es este niño?" y comienza con estas palabras:

> ¿Quién es este niño, que descansa
> en el regazo de María y está durmiendo,
> a quién los ángeles saludan con himnos dulces
> mientras los pastores se mantienen vigilando?

El nacimiento de Jesús evoca asombro: Él es un niño diferente a cualquier bebé que haya nacido.

Aunque no se le menciona en el himno, a menudo me imagino a José, el esposo de María, cantando sus primeras líneas mientras miraba el rostro del niño Jesús, sospecho que reflexionando sobre cómo se enteró por primera vez del embarazo de María. "¿Quién es este niño?", fue precisamente la pregunta que José se planteó.

José es fácil de olvidar, silenciosamente se desvanece en el fondo; de hecho, nunca pronuncia una sola palabra en ninguno de los Evangelios. Aun así, Mateo deja en claro que José tiene un papel crucial que desempeñar en el nacimiento de Jesús. ¿Por qué es tan importante José? ¿Y qué nos enseña sobre el misterio en el corazón de la celebración navideña? En este capítulo se abordan estas preguntas.

El carpintero real

Podemos comenzar con una pregunta simple: ¿Qué sabemos acerca de José? Mateo nos dice que era conocido como carpintero (Mateo 13,55), sin embargo, como el Evangelio deja en claro, había mucho más en él que eso.

La familia real de José

El Evangelio de Mateo comienza con la genealogía de Jesús (Mateo 1,1–17). Para la gente de hoy, leer la larga lista de los antepasados de Jesús puede parecer tedioso, empero para los lectores judíos de Mateo la genealogía habría sido extremadamente significativa. En ella, descubrirían que se había conservado el linaje real del rey David, su linaje permanecía vivo y bien en la familia de *José*.

Mateo comienza con Abraham y luego enumera a sus descendientes, continúa con los reyes que vinieron de David, incluyendo a Salomón, Joboam y Ezequías. La genealogía de Mateo entonces representa no sólo a los descendientes de David sino también a los *sucesores reales al trono*.

No está claro para nosotros cómo se determinó *quién* era el sucesor legítimo de David, en cambio la genealogía de Mateo asume *que* había tal línea. Ese es el sentido de la introducción a éste Evangelio donde a nivel humano, Jesús es el Mesías debido a su estirpe siendo el heredero al trono de David.

Pero seamos claros: según Mateo, *Jesús tiene una genealogía real porque es el hijo legal de José*. Para Mateo es la línea de José la que hace de Jesús el "hijo de David". Por supuesto, Mateo más adelante mencionará el punto de que José no es el padre biológico de Jesús. Esto sin embargo, no amenaza la identidad real de Jesús. Para los pueblos antiguos la descendencia biológica no era necesaria para la sucesión real, por ejemplo, César Augusto el emperador en el momento del nacimiento de Jesús, se había convertido en emperador porque había sido adoptado por Julio César. Los emperadores posteriores Tiberíades, Calígula y Nerón también fueron hijos adoptivos de sus predecesores. En la antigüedad la descendencia biológica no fue decisiva para la realeza, por el contrario, a menudo era un hijo *adoptivo* a quien se le daba el trono de su padre.

Vale la pena mencionar aquí que Agustín enfatiza que el amor de José por Jesús es magnificado por el estado adoptivo de Jesús. Una obra que data del año 418 d.C., dice: "José logró mucho más satisfactoriamente en espíritu lo que otro hombre desea lograr en la carne".[1] En resumen, Jesús no era menos de un hijo de José porque fue adoptado.

José el carpintero

¿Qué significa todo esto para nuestra comprensión de José? Mateo nos dice más adelante que las multitudes asombradas por el ministerio de Jesús se preguntan:

¿De dónde le viene a éste esa sabiduría y esos milagros? *¿No es éste el hijo del carpintero?* (Mateo 13,54–55)

Fíjese que Jesús es identificado como el hijo del *carpintero*, una referencia a José. Sorprendentemente, la multitud parece completamente ignorante de que el propio José era de ascendencia

---

1 Agustín, *Sermon* 51.26, en *Sermons III on the New Testament*, trans. Edmund Hill, O.P (Brooklyn: New City Press, 1991), 37.

real, cree que Jesús proviene de orígenes humildes, no de la realeza. La referencia a la ocupación de José enfatiza el estatus social humilde de Jesús.

El sustantivo griego traducido como "carpintero" es *tektōn* pudiendo tener una variedad de significados que incluyen "albañil de piedra", "carpintero" y "platero"; también puede referirse a un "contratista" o "constructor". Fuera del Nuevo Testamento las primeras fuentes cristianas parecen interpretar que la palabra se refiere al trabajo de José como "carpintero". Particularmente notable es la declaración de Justino Mártir de que Jesús "solía trabajar como carpintero haciendo arados y yugos".[2] Como dice un comentario muy respetado sobre Mateo, "probablemente debemos seguir a los Padres griegos al pensar en Jesús como el hijo de un carpintero."[3]

Cualquiera que sea el significado preciso de *tektōn* es indiscutible que José no era un hombre rico, Lucas enfatiza especialmente la pobreza de la Sagrada Familia: después del nacimiento de Jesús, José y María ofrecen dos tórtolas como sacrificio en el templo (Lucas 2,24) siendo esta la ofrenda prescrita para los pobres (Levítico 12,8).

José entonces era un obrero encontrándose en el libro del Eclesiástico que tales personas no tenían el descanso necesario para el estudio: "Todo *carpintero* [*tektōn*] y maestro de obras *trabaja de noche al igual que de día* (Eclesiástico 38,27), por lo tanto, las multitudes estaban asombradas del ministerio de Jesús; no se esperaban que los carpinteros fueran maestros bien versados en las Escrituras.

Difícilmente parecería apropiado que un heredero real al trono pasara su vida comprometido en una ocupación que era

---

2   Justino Mártir, *Dialogue with Trypho* 88, trad. Thomas B. Falls, in *The Writings of Justin Martyr* (Washington, DC: Catholic University of America Press, 1948), 290.

3   W. D. Davies y Dale C. Allison, Jr., *The Gospel according to Saint Matthew*, 3 vols. (London; New York: T&T Clark International, 2004), 2:456.

reconocida como un trabajo sin fin. Empero, uno no debe sorprenderse que José viviera en la oscuridad, recordemos que Herodes era despiadado, hizo asesinar a su propia esposa e hijos por temor a que amenazara su posesión de la corona. Más tarde, Mateo contará cómo, en un intento de asesinar al niño Jesús, a quien los magos han venido proclamando como "rey de los judíos" (Mateo 2,2), Herodes masacra a los niños en Belén (Mateo 2,16). No es de extrañar, entonces, que Mateo indique que las conexiones reales de José aparentemente se mantuvieran en silencio.

Ahora, su ascendencia real no es algo en lo que José aparentemente piense mucho en Mateo, sin embargo, de lo que sí nos habla es de la respuesta de José a la noticia del embarazo de María. Pasamos ahora a considerar este aspecto de la historia de la Navidad.

La respuesta de José al embarazo de María

Mateo nos dice:

> La generación de Jesucristo fue de esta manera: Su madre, María, estaba desposada con José y antes de empezar a estar juntos ellos, se encontró encinta por obra del Espíritu Santo. Su marido José, como era justo y no quería ponerla en evidencia, resolvió repudiarla en secreto. (Mateo 1,18–19)

José sabe que el niño que María lleva no es de su descendencia biológica. Mateo nos expresa explícitamente que la pareja no había tenido relaciones matrimoniales (Mateo 1,25), en este punto de la narración están "prometidos". Pero, ¿qué es "prometidos"? ¿Y qué vamos a hacer con la respuesta de José a la noticia del embarazo de María?

Prácticas matrimoniales judías del siglo I

Para empezar debemos explicar que los esponsales no eran el antiguo equivalente de un período de "compromiso", las parejas que estaban prometidas eran legalmente "marido" y "mujer" (Deuteronomio 20,7; 28,30; Jueces 14,15). Si bien es popular para los predicadores hoy en día describir a María como una "madre soltera", esa etiqueta es inexacta. José y María se casaron por ley pero durante el período de esponsales, las novias vírgenes vivían con sus padres lo cual podría durar hasta un año.[4]

Ya que ellos están casados la única manera que José tiene de terminar su relación con María legalmente es a través de un divorcio. Es cierto que el verbo que se traduce como "divorcio" (del griego: *apolysai*) también puede significar "enviar lejos". Debido a esto, algunos han argumentado que José en realidad no contempló obtener un divorcio legal, sino que simplemente planeó enviar a María a otro lugar en silencio. Esto no es convincente cuando el verbo que Mateo usa se refiere al "divorcio" dentro del contexto de poner fin a una relación "marital", si hubiera querido decir algo más con ello tendría que haberlo especificado. De hecho, cuando nos dice que José decidió "*divorciarse [apolysai]* de ella en secreto" usa el mismo término que aparece más adelante cuando Jesús emite su enseñanza sorprendente sobre el divorcio y el nuevo matrimonio (Mateo 5,31; 19,3, 7–9). La palabra significa "divorcio" allí, al igual que aquí.

Interpretaciones de la decisión de José

Pero *¿por qué* José consideró divorciarse de María? A lo largo de los siglos comúnmente se ha dado una de las tres explicaciones

---

4   Mishnah Ketuboth 5:2; Mishnah Nedarim 10:5.

siguientes que han sido promovidas por padres y doctores de la Iglesia.

1. José sospecha adulterio de María. La opinión que fácilmente sigue siendo la más popular entre los eruditos contemporáneos es que José busca divorciarse de María porque sospecha que ella ha cometido adulterio; esta forma de leer la historia también está atestiguada en las primeras fuentes, por ejemplo, en el *Protoevangelio de Santiago*, José compara a María con Eva acusándola de ser seducida por el maligno. Él le pregunta acentuadamente: "¿Por qué has hecho esto y has olvidado al Señor tu Dios?"[5] Del mismo modo, escribiendo en algún momento entre 155 y 167 d.C., Justino Mártir dice que José quería divorciarse de María "porque pensaba que estaba embarazada a través de relaciones sexuales humanas, es decir, fornicación".[6] Doctores de la Iglesia como Juan Crisóstomo y Agustín también tienen este punto de vista."[7] Los defensores de esta interpretación a menudo afirman que se dice que José es "justo" por proteger a María de la lapidación, el castigo que la ley asigna al adulterio (Deuteronomio 22,13–29)

2. José teme vivir con María por reverencia con ella. En lugar de sostener que José cree que María cometió adulterio algunos ofrecen una interpretación radicalmente diferente: José decide separarse de María precisamente porque sabe que su hijo es de Dios. Mateo narra que María se "encontró encinta por obra del Espíritu Santo" (Mateo 1,18) refiriéndose a que José descubrió que María estaba "con el hijo del Espíritu Santo", empero, debido a su humildad José temía vivir con María porque creía que era indigno de permanecer con este milagroso niño y su madre, explicando por qué el ángel

---

5 *Protoevangelium of James* 13,2, in *The Apocryphal New Testament*, ed. J. K. Elliot (Oxford: Oxford University Press, 1993).

6 Justino Mártir, *Dialogue with Trypho* 78, trad. Thomas B. Falls (Washington, DC: Catholic University of America Press, 2003), 272.

7 Agustín, *Sermon* 51.10; Chrysostom, *Homilies in Matthew* 4.7.

dice: "No temas tomar a María como tu mujer" (Mateo 1,20).
Este punto de vista es avalado por doctores de la Iglesia como
Tomás de Aquino y escritores modernos como el teólogo Karl
Rahner y el estudioso de la Biblia Ignace de la Potterie.[8]

3. José está perplejo. La tercera interpretación podría considerarse como una dirección intermedia entre las dos exa-
minadas anteriormente. Su defensor más prominente es el
Doctor de la Iglesia Jerónimo quien desde este punto de vista
afirma que José decide divorciarse de María porque estaba
"perplejo por lo que había ocurrido".[9] Aspecto que también
está atestiguado en el *Protoevangelio de Santiago*. Como he
mencionado anteriormente, de acuerdo con esta obra, José
primero acusa a María de cometer adulterio, en la historia,
sin embargo, María insiste en que no tiene idea de cómo ha
quedado embarazada. Ella es retratada —¡lo más improbable! — como si se hubiera olvidado por completo del anuncio del ángel de que daría a luz al Hijo de Dios. Debido a que
María hace un juramento, José termina inseguro de su infi-
delidad. Le preocupa que si ella es inocente, él podría ser cul-
pable de "entregar sangre inocente al juicio de la muerte".[10]
Incluso considera la posibilidad de que el niño pueda ser de
alguna manera de origen sobrenatural. Tal vez entonces José
decide divorciarse de María porque concluye que ya que todo
lo que está sucediendo con María claramente no lo involucra,
él no debe entrometerse más con ella. Él no quiere ser impli-
cado en algo que no es de Dios.

Entonces, ¿cuál es la interpretación más probable de la respuesta de José?

---

8   Aquino, *La Suma Teológica* III, q. 29, art. 3, obj. 3; Karl *Rahner*, S.J., "Nimm das Kind und
seine Mutter," *Geist und Leben* 30 (1957): 14–22; Ignace de la Potterie, S.J., *Mary in the Mystery
of the Covenant* (New York: Alba House, 1992).
9   Jerónimo, *Commentary on Matthew* at Matthew 1:19, trans. Thomas P. Scheck (Washington, DC: Catholic University of America Press, 2008), 63.
10   *Protoevangelium of James* 14,2.

Sopesando las opciones

La mayoría de los eruditos contemporáneos están de acuerdo en que José no está considerando el divorcio porque teme vivir con María. Mateo más adelante relata que José descubrió cómo el niño fue concebido en un sueño en el que un ángel le informa: "No temas tomar contigo a María tu mujer *porque el engendrado en ella es del Espíritu Santo*" (Mateo 1,20). Leer la declaración del ángel como dando a entender que José ya sabe que el niño es del Espíritu malinterpreta el griego; en el anuncio del ángel a José la palabra "porque" (*gar*) está introduciendo nueva información a José. Considere los otros mensajes angélicos que José recibe más tarde en el Evangelio:

> "Levántate, toma contigo al niño y a su madre y huye a Egipto; y estate ahí hasta que yo te diga. *Porque* [*gar*] Herodes va a buscar al niño para matarle". (Mateo 2,13)

> "Levántate, toma contigo al niño y a su madre, y ponte en camino a la tierra de Israel, *porque* [*gar*] ya han muerto los que buscaban la vida del niño". (Mateo 2,20)

En cada uno de los dos casos la palabra "porque" (del griego: gar) anuncia algo a José que aún no sabe. Lo mismo ocurre en la primera instancia; José por lo tanto no sabe con certeza cómo fue concebido el niño hasta que el ángel viene a él.

Sin embargo, la teoría de que José cree que María cometió adulterio tampoco está exenta de problemas. La suposición de que Mateo retrata a José como "justo" porque busca salvar a María de las consecuencias legales del adulterio también debe ser cuestionada. Esta interpretación ignora que la "justicia" en el Evangelio de Mateo se refiere a guardar la ley. Jesús dice: "Por tanto, el que traspase *uno de estos mandamientos más pequeños* y así lo enseñe a los hombres, será el más pequeño en el Reino de los Cielos; en cambio, el que los observe y los enseñe, éste será grande en el Reino de los Cielos" (Mateo 5,19). Creer que Mateo llama a José "justo" porque "relaja" la ley es difícil de vender.

¿Dónde nos deja la discusión anterior? El plan de José de divorciarse de María "en privado" es de hecho muy extraño ya que nunca se nos dice a qué conclusión llega José acerca de lo que le ha sucedido a María. La explicación más simple parece ser que José concluye que como el embarazo no lo involucra, es mejor que se separe de María. Si él concluyó que María había pecado o no, simplemente nunca es declarado por Mateo. Por estas razones, me inclino por la explicación de Jerónimo.

Sin embrago, lo que importa sobre todo es que una vez que José escucha la palabra del Señor a través del ángel, actúa. José responde con fe. Vale la pena considerar esto más de cerca.

El ejemplo de fe de José

Según las apariencias puede haber parecido que Dios había otorgado un regalo a José que no tenía ningún propósito, el linaje real. El linaje de David se había conservado milagrosamente a través de los siglos, pero ¿para qué? José que venía de reyes vivió humildemente como carpintero y más tarde descubre que su esposa está misteriosamente embarazada. Ninguna de las piezas de la vida de José parecía encajar hasta que el ángel le habla: en Cristo, el rompecabezas de su vida está resuelto. El plan de Dios es que *José* sea quien dé al Mesías su nombre, un acto realizado por el padre de un niño (véase Lucas 1,62–63). En todo esto vemos que José es un modelo de fidelidad.

La castidad de José

Deberíamos decir algo aquí acerca de la edad de José. El arte cristiano a menudo lo representa como significativamente mayor que María, probablemente deberíamos dudar de este retrato.

Una razón por la que a menudo se piensa que José es anciano en el momento de sus esponsales con María, es que no está presente en escenas posteriores que mencionan a los parientes de Jesús (Mateo 12,46; Marcos 3,31; Lucas 8,19; Juan 2,12). Por lo tanto, parece probable que José falleciera en este punto, sin embargo, esto no significa que sea un anciano en el momento del nacimiento de Jesús. Notablemente, mientras que Lucas identifica explícitamente a Zacarías como un "anciano" (*presbytēs*, Lucas 1,18), los Evangelios simplemente llaman a José "hombre" (*anēr*, Lucas 1,27; Mateo 1,19). Si José hubiera sido significativamente mayor que María, uno esperaría que los escritores del Evangelio mencionaran esto.

José también es a menudo representado como anciano porque los artistas fueron influenciados por historias no bíblicas sobre la Sagrada Familia que se encuentran en obras como el *Protoevangelio de Santiago*. Estas fuentes que son de dudoso valor histórico a menudo enfatizan la avanzada edad de José por dos razones. Primera, algunos intérpretes pensaron que los "hermanos" y "hermanas" de Jesús eran hijos de José de un matrimonio anterior; por lo tanto, José fue retratado como mayor, ya que ya había estado casado, sin embargo, como hemos visto, se dice que dos de los "hermanos" de Jesús son hijos de una mujer que está viva a la muerte de Él, por lo tanto, es más probable que sean primos de Jesús.

Finalmente, José a veces es retratado como anciano para dar cuenta de su casta relación con María, en este caso, la abstinencia de José se atribuye a su avanzada edad más que a su virtud. Empero esto es innecesario. Si María hubiera hecho un voto como los descritos en el libro de Números, José habría tenido que aprobarlo. Hoy en día a menudo se acepta simplemente que los hombres son impotentes sobre sus impulsos carnales; en el justo José, sin embargo, se puede encontrar un retrato muy diferente de lo que significa ser un hombre.

Unirse a José en la oscuridad

En el Antiguo Testamento leemos acerca de un José que aprende del plan divino a través de los sueños (Génesis 37,5–11) lo cual es cierto de José en el Nuevo Testamento. El ángel le dice:

> "José, hijo de David, no temas tomar contigo a María tu mujer porque lo engendrado en ella es del Espíritu Santo. Dará a luz un hijo y *tú le pondrás por nombre Jesús*, porque él salvará a su pueblo de sus pecados". (Mateo 1,20–21)

Como "hijo de David" será *José* quien nombre al niño Jesús, así como Zacarías nombra a Juan el Bautista (Lucas 1,57–63), al hacerlo, José se convertirá en el padre de Jesús. En esto las Escrituras se cumplen: el Mesías, el que traerá "salvación", es el "hijo de David". José, que trabaja como humilde carpintero es el que Dios elige para desempeñar un papel fundamental en todo esto. El que es impotente a los ojos del mundo —un humilde y pobre carpintero— es el mismo responsable de la identidad del Mesías como "hijo de David". Con la venida de "Dios con nosotros", la promesa de la herencia real de José finalmente se hace realidad.

En una obra escrita en algún momento de los años 300, el escritor siríaco Efrén resume conmovedoramente la situación de José. Se imagina a José diciendo la siguiente oración:

No sabía que en el vientre [de María] había un gran tesoro que de repente enriquecería mi pobreza. David mi antepasado llevaba una diadema; pero yo, derribado de ese honor, he llegado al máximo desprecio; y aquel que el linaje destinado a ser un rey, el azar ha hecho un carpintero. Pero ahora la corona que fue arrebatada ha regresado después de que usted, el Rey de reyes, ha entrado en mis brazos.[11]

En Navidad haríamos bien en reflexionar sobre lo que le sucedió a José.

José estaba en la oscuridad acerca de la naturaleza del embarazo de María, sin embargo, tan pronto como el ángel viene a él y le informa de lo que ha sucedido, él responde con fe. Convertirse en el padre adoptivo del Mesías ciertamente no sería algo seguro. Cuando Herodes descubre que el Cristo ha nacido, previsiblemente lo ataca para su destrucción. José, en cambio, no se encoge de miedo, termina sirviendo como protector de la Sagrada Familia al escuchar las instrucciones que recibe del ángel.

José nos da un ejemplo para imitar. Como él, podemos encontrarnos en situaciones que no tienen sentido, pero al igual que José, estamos llamados a confiar en el Señor y permanecer "justos". Los rompecabezas en nuestras vidas encuentran su resolución en Cristo. Esto es cierto incluso si no siempre entendemos cómo se puede realizar esa resolución.

Además, lo que José nos muestra es que el poder y el estado mundano no son el camino hacia la realización humana. Los dones más grandes de Dios no son reconocidos por el mundo.

---

11 Efrén, *Hymns on the Nativity* 5.17–18. Traducción de La línea 17 por Kathleen E. McVey, *Ephrem the Syrian: Hymns* (New York: Paulist Press 1989), 108. Traducción de La línea 18 es modificada por Francis L. Filas, S.J., *Joseph* (Boston: Daughters of St. Paul, 1962), 175–76.

En Navidad, cuando los peligros del mercantilismo son especialmente altos, este es un recordatorio oportuno. José trabaja en la oscuridad. El Rey de Reyes es puesto en un pesebre. Nuestro siguiente capítulo se centra en la importancia de este aspecto de la historia de la Navidad.

7

"Jesús en un pesebre":
El nacimiento de Jesús en Belén

El himno clásico inglés "Away in a Manger" que algunos han atribuido incorrectamente al reformador protestante Martín Lutero, y el cual no es muy conocido en su versión al español como "Jesús en un pesebre", ofrece una descripción icónica del nacimiento de Jesús:

> Jesús en un pesebre,
> sin cuna nació;
> Su tierna cabeza
> en heno durmió.

Como veremos, el detalle de que Jesús fue puesto en un pesebre está tomado del Evangelio de Lucas, la canción continúa retratando al niño Jesús como "dormido en el heno"; la letra pinta un cuadro familiar: Jesús es puesto entre los animales.

En cambio, aunque las escenas del pesebre con frecuencia incluyen un buey y un burro, los Evangelios nunca mencionan su presencia en el lugar donde nace Jesús. ¿De dónde obtenemos esas imágenes? ¿Por qué *estos* animales aparecen con tanta frecuencia en los belenes?

Este capítulo analiza más cuidadosamente la historia del nacimiento de Jesús en Lucas y la forma en que ha sido interpretada en la tradición cristiana. ¿Por qué es significativo que Jesús nazca en Belén? ¿Por qué las traducciones de la Biblia dicen que no había "espacio" para la Sagrada Familia en la "posada"? ¿Había algún tipo de "Hotel Belén" con un letrero de "No hay habitaciones libres" en la ventana? Finalmente, ¿por qué Lucas menciona que Jesús fue puesto en un "pesebre"? Este capítulo analiza todas estas preguntas. Comenzamos con la importancia de la misma Belén.

La pequeña ciudad de Belén

Tanto Mateo como Lucas nos dicen que Jesús nació en Belén. Al principio, la mención de esta ciudad puede parecer un detalle menor, sin embargo, el nacimiento de Jesús en esta ciudad es profundamente significativo.

El lugar de nacimiento del Mesías

Belén no era una ciudad poderosa, por el contrario, parece haber sido visto como un lugar relativamente insignificante. Lo que hizo que la aldea fuera notable fue su papel en el pasado de Israel, el lugar de nacimiento del rey más grande en la historia de Israel: David. Además, como vimos en un capítulo anterior, el profeta Miqueas anuncia que el futuro gobernante de Israel vendrá de aquí. Mateo cita explícitamente esta profecía.

Cuando los reyes magos vienen en busca del rey infante, Herodes reúne a todos los judíos escribas para aprender dónde nacerá el Mesías. Citando la profecía de Miqueas, los expertos en las Escrituras le dicen que el Mesías nacerá en Belén:

Convocó a todos los sumos sacerdotes y escribas del pueblo y
por ellos se estuvo informando del lugar donde había de nacer

el Cristo. Ellos le dijeron: "En Belén de Judea, porque así está escrito por medio del profeta: y tú, Belén tierra de Judá, no eres la menor entre los principales clanes de Judá; porque de ti saldrá un caudillo que apacentará a mi pueblo Israel". (Mateo 2,4–6, citando a Miqueas 5,1–2 cfr. 2 Samuel 5,2)

Jesús, el Mesías, nace justo donde debería.

El nacimiento de Jesús en el plan de Dios

En Lucas el nacimiento de Jesús tiene lugar en Belén porque la Sagrada Familia debe ir allí para cumplir con un edicto imperial.

> Sucedió que por aquellos días salió un edicto de César Augusto ordenando que se empadronase todo el mundo. Este primer empadronamiento tuvo lugar siendo gobernador de Siria Cirino. Iban todos a empadronarse, cada uno a su ciudad. Subió también José desde Galilea, de la ciudad de Nazaret, a Judea, a la ciudad de David, que se llama Belén, por ser él de la casa y familia de David, para empadronarse con María, su esposa, que estaba encinta. Y sucedió que, mientras ellos estaban allí, se le cumplieron los días del alumbramiento. (Lucas 2,1–6)

Una discusión de cómo los detalles cronológicos de Lucas se relacionan con lo que se sabe de otras fuentes, no es posible aquí. Lo que la presentación de Lucas destaca es esto: el poder pensaba que estaba al mando pero el plan de Dios finalmente se cumple. Jesús nace en la ciudad natal del rey, como corresponde. El emperador pagano emite sus decretos para sus propios propósitos, sin embrago, sin saberlo es usado por Dios para asegurarse de que el Mesías nazca en el lugar correcto. En otras palabras, incluso si el mundo no lo sabe, el Señor es el verdadero Rey. El verdadero hogar del Rey no es la espléndida ciudad de Roma, capital del imperio; es la "Pequeña Ciudad de Belén".

Además, las humildes circunstancias del nacimiento de Jesús se enfatizan de otra manera: Él es puesto sin contemplaciones en un pesebre. Pero, ¿qué significa el pesebre?

La escena del pesebre

En 1223 Francisco de Asís decidió marcar la fiesta del nacimiento de Cristo de una nueva manera. Queriendo enfatizar la pobreza de Jesús, Francisco colocó una estatua de Cristo en un pesebre con heno. Un buey y un burro también fueron incluidos en la escena. Con esto, Francisco comenzó la tradición de erigir un pesebre de Navidad, como una representación de la natividad de Cristo. Como dice un historiador de la historia de Francisco: "No hay razón para dudar de la historicidad del pesebre".[1] La idea de Francisco pronto ganó popularidad. Los juegos de pesebre son ahora comunes en Navidad pero si miramos de cerca los Evangelios no encontramos ninguna mención de ciertas características que a menudo incluyen; no dicen nada acerca de la presencia de un buey y un burro en el nacimiento de Jesús. ¿Por qué entonces Francisco los incluyó?

Arqueología y lugar de nacimiento de Jesús

En Lucas leemos: "Y [María] dio a luz a su primogénito y lo envolvió en pañales". (Lucas 2,7). Aquí se representa a María

---

1   Augustine Thompson, O.P., *Francis of Assisi: A New Biography* (Ithaca: Cornell University Press, 2012), 260; also 108–9.

tiernamente cuidando al niño Jesús. Envolver a un niño era una práctica común; incluso el gran Salomón fue envuelto como un bebé (Sabiduría 7,4). Un niño que no estaba envuelto podía ser visto como una víctima del abandono de los padres (cfr. Ezequiel 16,4).

Lo que Lucas continúa diciendo a menudo ha sido malinterpretado, por ejemplo, una influyente Biblia en inglés, la Versión King James, lo expresa de esta manera: "Y [María] *lo puso en un pesebre; porque no había lugar para ellos en la posada*" (Lucas 2,7). Esta lectura da la impresión de que María y José estaban deambulando por Belén en busca de una posada sólo para descubrir que no había habitaciones disponibles. Esta lectura se ve reforzada por varias adaptaciones cinematográficas de la historia del Evangelio, en estos, José y María son retratados como enviados a la noche por un posadero desalmado antes de encontrar refugio en un establo donde María da luz.

Varias prácticas cristianas han surgido del entendimiento de que María y José buscaron en vano un lugar para quedarse en Belén; por ejemplo, en la década de 1800, los irlandeses colocaron velas en sus ventanas para significar su deseo de dar la bienvenida a Cristo en sus hogares. Según Joseph Kelly la costumbre de decorar los hogares con luces navideñas se remonta a esta costumbre.[2] Del mismo modo la tradición mexicana de *Las Posadas* recrea la búsqueda de alojamiento de María y José siendo este devocional un hermoso recordatorio de la necesidad de abrazar a los pobres en quienes Cristo viene a nosotros.

Sin embargo, la idea de que la Sagrada Familia no pudo encontrar un lugar donde quedarse y por lo tanto tuvo que conformarse con un establo no se encuentra en la historia real del Evangelio. Por un lado, Lucas nunca menciona una

2   Joseph F. Kelly, *The Feast of Christmas* (Collegeville, MN: Liturgical Press, 2010), 100.

"posada"."[3] La palabra griega que la versión King James representa como "posada" es *katalyma*. Más tarde, Lucas usa el término para referirse a una habitación de huéspedes (Lucas 22,11). Cuando Lucas quiere referirse a una "posada" usa un término griego diferente: *pandocheion* (Lucas 10,34).

También debemos tener en cuenta que Lucas nos dice que María y José aparentemente ya se han quedado en Belén cuando llega el momento de que María tenga a su bebé. Nos narra: "Sucedió que, mientras ellos estaban allí, se le cumplieron los días del alumbramiento" (Lucas 2,6). Contrariamente a varias representaciones la natividad de Jesús no tiene lugar en la noche en que la pareja llega a la ciudad.

Entonces ¿cómo vamos a entender la escena representada por Lucas?

La palabra griega en la versión King James traduce "habitación", *topos*, que simplemente significa "lugar" o incluso "espacio" (Lucas 14,22). La idea en Lucas, por lo tanto, es que cuando María estaba a punto de dar a luz, el "lugar" donde se alojaban no era lo suficientemente grande como para satisfacer sus necesidades. La mejor traducción del pasaje sería simplemente "no había *espacio* [*topos*] para ellos en el *alojamiento* [*katalyma*]".

Entonces ¿dónde se aloja la Sagrada Familia si no es en una posada? Dadas las prácticas antiguas se esperaría que la Sagrada Familia se quedara con parientes, ahora, cuando llegó el momento de que María diera a luz a Jesús, el lugar donde se alojaban era demasiado pequeño para dar cabida a un nacimiento. Fíjese que Lucas no solo dice que no había espacio para un "niño", sino que no había espacio para "*ellos* en la habitación". Más allá de José, María probablemente habría

---

3   Para lo siguiente ver a Benjamin A. Foreman, "Luke's Birth Narrative," en *Lexham Geographic Commentary on the Gospels*, ed. Barry J. Beitzel (Bellingham: Lexham Press, 2017), 10–18; Stephen Carlson, "The Accommodations of Joseph and Mary in Bethlehem," *New Testament Studies* 56 (2010): 326–42.

sido asistida por otros, como una partera. Vale la pena señalar que cuando los pastores vienen más tarde para informar que los ángeles se les habían aparecido, Lucas dice: "Todos los que lo oyeron se maravillaban" (Lucas 2,18). Esto podría implicar que había otros además de María y José con el niño. De cualquier manera, el punto clave es que Jesús, el Mesías, nace en circunstancias humildes. Los instintos devocionales que subyacen a tradiciones como Posadas son hermosos y apropiados; el Mesías fue recibido por sólo unos pocos.

El burro y el buey

Muchos tienen la impresión de que Jesús nace en algún tipo de establo, es decir, una estructura exterior diseñada exclusivamente para animales. La mayoría de los belenes retratan tal escenario, sin embargo, Lucas nunca dice esto. Es importante leer la historia del Evangelio cuidadosamente.

Como hemos visto Lucas informa que María pone al niño Jesús "en el pesebre porque no había *espacio* [*topos*] para ellos en el *alojamiento* [*katalyma*]" (Lucas 2,7). La palabra traducida como "pesebre", *phatnē*, podría referirse a algo así como un "establo", pero ya que se nos dice que el niño Jesús está envuelto antes de ser colocado en el *phatnē*, la palabra más probable se refiere a algo como una caja de alimentación o un abrevadero, es decir, un "pesebre".[4]

También es probable que el pesebre no se encontrara afuera. Los hogares judíos simples del primer siglo normalmente implicaban un piso de tierra con dos habitaciones: (1) una habitación principal donde toda la familia comía, cocinaba y dormía junta, y (2) una cámara privada para los huéspedes. El

4   Raymond E. Brown, *The Birth of the Messiah: New Updated Edition* (New Haven, CT: Yale University Press, 1993), 399.

espacio habitable de la habitación principal sería ligeramente elevado. El lugar cerca de la puerta en la habitación principal se utilizaría para albergar a los animales domésticos de la familia por la noche. Los pesebres se colocarían allí.[5] Mantener a los animales por la noche era deseable por dos razones. Por un lado, los animales calentaban la casa y, por otro lado, los animales podrían ser caros; mantenerlos en la casa por la noche los protegía del robo.

Pero ¿por qué Francisco incluyó a un buey y un burro en su belén? En la versión griega del Antiguo Testamento leemos lo siguiente en el primer capítulo de Isaías:

Conoce el buey a su dueño y el asno el *pesebre* [*phatnē*] de su *amo* [*kyrios*]. Israel no conoce, mi pueblo no discierne. (Isaías 1,3)

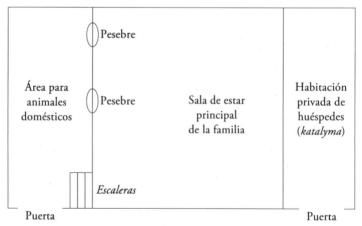

Diseño de una casa en palestina del siglo I[6]

---

5   ver David A. Fiensy, "The Galilean House in the Late Second Temple and Mishnaic Periods," en *Galilee in the Late Second Temple and Mishnaic Periods*, vol. 1, *Life, Culture, and Society*, ed. David A. Fiensy y James Riley Strange (Minneapolis: Fortress, 2014), 216–41, esp. 229.
6   Figura adaptada por Kenneth Bailey, *Jesus through Middle Eastern Eyes* (Downers Grove: InterVarsity Press, 2008), 33.

Los antiguos escritores cristianos conectaron este pasaje con el relato de Lucas donde el "Señor" (*kyrios*; cfr. Lucas 1,43) está puesto en un "pesebre" (*phatnē*, cfr. Lucas 2,7, 12, 16). Leyendo el Antiguo Testamento a la luz del Nuevo creyeron que la profecía de Isaías sobre el buey y el burro apuntaba hacia el futuro nacimiento de Cristo, por ejemplo, en una homilía fechada entre el año 394 y el 413 d.C., Jerónimo dice: "¿Por qué en un pesebre? Para que se cumpla la profecía de Isaías el profeta".[7]

La Cueva de Belén

Antes de seguir adelante vale la pena señalar que el arte cristiano antiguo a menudo establece la natividad de Jesús en una cueva. Los Evangelios bíblicos no mencionan tal escenario, sin embargo, la tradición de que Jesús nació en una cueva está atestiguada en los escritos de Justino Mártir y en el *Protoevangelio de Santiago*.[8] Se debate si una de estas fuentes depende de la otra. De cualquier manera, ya que ambas fuentes datan de algún lugar entre los años 150 y 200 d.C., la tradición de la cueva es bastante temprana.

Escribiendo a mediados de los años 200, el escritor cristiano Orígenes parece indicar que la cueva donde María dio a luz a Jesús era conocida en su tiempo: "Allí se muestra en Belén la cueva donde nació y el pesebre en la cueva donde estaba envuelto en pañales".[9] Más tarde, entre los años 312 y 318 d.C., el historiador cristiano Eusebio escribe: "Ahora todos están de acuerdo en que Jesucristo nació en Belén, y los habitantes muestran allí una cueva a la que vienen del

---

7   Jerónimo, *Homily* 88, trans. Sr. Marie Ligouri Ewald, en *The Homilies of Saint Jerome (Homilies 60–96)* (Washington, DC: Catholic University of America Press, 1966), 221.

8   Justino Mártir, *Dialogue with Trypho* 78.5; *Protoevangelium of James* 17:1—18:1.

9   Orígenes, *Against Celsus* 1.51, in *Ante-Nicene Fathers*, 4:418.

extranjero a verla".[10] ¿Cómo pudieron los primeros cristianos preservar la memoria de tal sitio? Jerónimo nos dice que recibieron ayuda de Roma.

Parece que los romanos tenían la práctica de erigir santuarios paganos en lugares anteriormente venerados por judíos y cristianos. Como es famoso el emperador Adriano que reinó de 117 a 138 d.C., se dice que erigió un templo al dios Júpiter en Jerusalén, la ubicación anterior del templo judío.[11] Según Jerónimo, Adriano también transformó el lugar de la natividad de Jesús en un lugar pagano de culto. Más tarde, el emperador Constantino construyó una iglesia sobre el lugar[12] la Iglesia de la Natividad, que se encuentra hoy día en Belén y es probable que esté construida sobre el sitio de la iglesia original.[13]

Si Jesús nació en una cueva, esto no cambiaría lo que hemos dicho anteriormente. Kenneth Bailey, un experto en la antigua cultura del Oriente Medio, observa que "muchas casas campesinas en Palestina en el pasado fueron o comenzaron como cuevas."[14] Los animales se mantendrían por la noche cerca del lugar de entrada por seguridad y calor. Lo que se interpreta de la tradición de la cueva de entonces, se sostienen en las imágenes todavía: Jesús es colocado donde uno esperaría encontrar comida. Pero, ¿por qué es esto importante?

El pesebre y el pan de vida

Según los primeros escritores cristianos el hecho de que el niño Jesús fuese colocado en un lugar que está destinado a la

---

10 Eusebio, *Demonstration of the Gospel* 3.2, trad. W. J. Ferrar (New York: Macmillan, 1920).
11 Cassius Dio, *Roman History* 69.12.1. Ver también Schlomit Weksler-Bdolah, *Aelia Capitolina* (Leiden: Brill, 2019), 117–18.
12 Jerónimo, *Epistle to Paulinus* 58.3; cf. Eusebius, *Life of Constantine* 3.41.
13 Ver Jordan J. Ryan, *From the Passion to the Holy Sepulchre* (London: T&T Clark, 2019), pp. 135–81.
14 Kenneth E. Bailey, "The Manger and the Inn: The Cultural Background of Luke 2:7," *Theological Review* 2, no. 2 (1979): 33–44.

comida es significativo. Para ellos el pesebre es un símbolo de la celebración eucarística de la Iglesia. Es así como la historia de la natividad en esto está inseparablemente conectada con un concepto en el corazón de la Navidad misma, "La Misa de Cristo".

El pesebre y la habitación en el piso superior

Como se mencionó anteriormente, Lucas dice que Jesús está puesto en un "pesebre" porque no había espacio en la "habitación". La palabra griega traducida como "habitación", *kalalyma*, aparece más adelante en la narrativa de Lucas. Notablemente, es el sustantivo usado para describir el lugar donde Jesús come su Última Cena. Cuando los discípulos le preguntan dónde celebrará la Pascua él les dice a dónde ir:

> "Cuando entréis en la ciudad, os saldrá al paso un hombre llevando un cántaro de agua; seguidle hasta la casa en que entre, y diréis al dueño de la casa: "El Maestro te dice: ¿dónde está la sala donde pueda comer la Pascua con mis discípulos?" él os enseñará en el piso superior una *habitación* grande [*katalyma*], ya dispuesta; haced allí los preparativos" Fueron y lo encontraron tal como les había dicho y prepararon la Pascua". (Lucas 22,10–13)

Jesús come la Última Cena entonces en un *katalyma*, la misma palabra usada en la historia de Lucas del nacimiento de Jesús.

Al usar el término *katalyma* en la historia del nacimiento de Jesús, Lucas anticipa lo que sucederá más adelante en su Evangelio. En su natividad, Jesús es colocado en el "pesebre" porque no hay espacio en la "habitación" (*katalyma*). Dado lo que sucede en la Última Cena, esto no puede ser una casualidad. En la "habitación" superior, Jesús se identifica explícitamente con el pan. Leemos:

Tomó luego el pan y dadas las gracias, lo partió y se lo dio diciendo: "*Este es mi cuerpo* que es entregado por vosotros; haced esto en recuerdo mío. (Lucas 22,19)

El que es puesto en el comedero más tarde se entrega a los discípulos como alimento.

Belén como "Casa del Pan"

Los antiguos escritores cristianos creían que el pesebre apunta hacia la Eucaristía. Cirilo de Alejandría, que murió en el año 444 d.C., escribe:

Aun cuando somos insensibles en el alma, al acercarnos al pesebre, sí, a su mesa, ya no encontramos alimento, sino el pan del cielo, que es el cuerpo que da la vida.[15]

Del mismo modo en una serie de homilías pronunciadas a finales de los años 300, el Padre de la Iglesia y Doctor Juan Crisóstomo fue aparentemente el primero en aplicar este verso al nacimiento de Cristo:

Este cuerpo, incluso tendido en un pesebre, los magos reverenciaban. Por lo tanto, imitemos al menos a esos bárbaros, nosotros que somos ciudadanos del cielo... Porque ellos... se acercaron con gran asombro; pero tú lo contemplas no en el pesebre sino en el altar, no viendo a una mujer que lo sostiene en sus brazos, sino al sacerdote de pie.[16]

---

15 Cirilo de Alejandría, *Commentary upon the Gospel according to St. Luke* on Lucas 2,7, trad. R. Payne Smith (Oxford: Oxford University Press, 1859), 11–12.
16 Juan Crisóstomo, *Homilies on First Corinthians* 24.8, in *Nicene and Post-Nicene Fathers of the Christian Church: First Series*, 14 vols., ed. Philip Schaff (New York: Christian Literature, 1889), 12:143 (hereafter cited as *Nicene and Post-Nicene Fathers*).

Estos Doctores de la Iglesia explican que en el pesebre el pan de vida está presente y del mismo modo, en la Eucaristía, venimos de nuevo al pesebre.

Además, en relación con esta interpretación eucarística del pesebre, los primeros cristianos observan que "Belén" significa "casa del pan" en hebreo. Escribiendo en algún momento de los años 230–240 d.C., Orígenes dice: "¿Dónde más se apresurarían los pastores después del mensaje de paz que a la casa espiritual del pan celestial, Cristo, es decir, la Iglesia?"[17] Del mismo modo, en una homilía que data entre el año 394 y el 413 d.C., Jerónimo lo expresa de esta manera:

> El fruto de nuestra tierra es el pan de vida, que nació para nosotros en Belén. Belén, de hecho, significa casa del pan, y este es el pan que salió de Belén, que bajando del cielo, fue hecho para nosotros; el pan en cuyo misterio los ángeles desean [mirar].[18]

Además, Gregorio Magno dice algo similar en una homilía que predicó a finales de los años 500:

> Belén se traduce como "casa del pan", y es él quien dijo: "Yo soy el pan vivo que bajó del cielo" [Juan 6,51]. El lugar en el que nació el Señor fue llamado la "casa del pan" porque realmente iba a suceder que él aparecería allí en un cuerpo material que nutriría los corazones de sus elegidos por un alimento interior.[19]

Estos escritores pretenden mostrarnos que *entramos en el misterio de lo que sucedió en la Navidad a través de la Eucaristía.*

---

17 Orígenes, *Fragments in Luke* 40a, en *Mysterium Ecclesiae: Images of the Church and Its Members in Origin,* by Fred Ledegang (Leuven: Leuven University Press, 2001), 309.
18 Jerónimo, *Homily* 64, en Ewald, *Homilies of Saint Jerome,* 54.
19 Gregorio Magno, *Homily* 8 (*Patrologia Latina* 1103), trad. Dom Hurst, *Forty Gospel Homilies* (Piscataway, NJ: Gorgias Press, 2009), 51.

Los orígenes de la misa de gallo

En el Evangelio de Lucas el nacimiento de Jesús es anunciado por ángeles que se parecen a los pastores que estaban "vigilando su rebaño *por la noche*" (Lucas 2,8). Es apropiado, entonces, que la Iglesia celebre la "misa de gallo", pero, ¿por qué medianoche? Para los primeros cristianos esta práctica se debía a su lectura de las Escrituras.

En el libro conocido como la Sabiduría de Salomón, leemos:

> Cuando un sosegado silencio todo lo envolvía
> y la noche se encontraba en la mitad de su carrera,
> tu Palabra omnipotente, cual implacable guerrero, saltó
>   del cielo,
> desde el trono real, en medio de la tierra condenada al
>   exterminio. (Sabiduría 18,14–15)

El Padre de la Iglesia y doctor Juan Crisóstomo fue aparentemente el primero en aplicar este versículo del nacimiento de Cristo a finales de los años 300.[20] La natividad marcó la ocasión en que este pasaje se cumplió verdaderamente: la "palabra omnipotente...saltó del cielo". Dado que la Sabiduría dice que esto sucedió cuando la noche estaba "a mitad de su carrera", era apropiado vincular el nacimiento de Jesús con la medianoche.

Para muchos, la humilde aparición del pan y el vino eucarísticos es un escándalo. ¿Cómo puede Cristo realmente estar presente en una comida tan ordinaria? La respuesta a esta pregunta se encuentra en el pesebre. Cristo está dispuesto a ser puesto donde los animales comen, así que también está listo para venir a nosotros. La idea de que nació a medianoche

---

20 Joseph F. Kelly, *The Origins of Christmas*, rev. ed. (Collegeville, MN: Liturgical Press, 2014), 86.

enfatiza aún más la humildad de Cristo: en lugar de marcar su llegada con una explosión, entra en el mundo en medio de la noche, cuando la mayoría están durmiendo. El acontecimiento trascendental de la venida del Mesías pasa en silencio. Simplemente es puesto tranquilamente entre los animales.

A los cristianos les gusta señalar que no puede haber "Navidad" sin "Cristo". Así como debemos ser conscientes de sacar a "Cristo" de la "Navidad" también debemos proteger de sacar la "Misa" de la "Navidad". El significado central de la historia de la Navidad es que el cielo ha venido a la tierra en Cristo. Este mensaje no se trata simplemente de un evento del *pasado*, Cristo continúa viniendo a nosotros cuando lo recibimos en la liturgia de la Iglesia. La Navidad está incompleta sin entrar en el misterio que se sigue haciendo presente en el culto eucarístico de la Iglesia, allí se puede encontrar la paz anunciada por los ángeles.

Pero, ¿qué implica realmente la "paz" prometida en la Navidad? ¿Y por qué son los ángeles quienes la anuncian? Ese es el enfoque de nuestro próximo capítulo.

8

"Ángeles cantando están":
Los pastores en el campo

Los ángeles se asocian con frecuencia con la Navidad. Ya sea que se trate de niños disfrazados en concursos, en tarjetas de felicitación o en decoraciones, los ángeles están en todas partes. Para cualquiera que esté familiarizado con los relatos del Nuevo Testamento del nacimiento de Jesús, el uso de imágenes de ángeles en la Navidad tiene mucho sentido. Como hemos visto en el Evangelio de Lucas el ángel Gabriel visita a Zacarías y María. Mateo además también tiene un ángel sin nombre que habla a José en un sueño.

Continuando, el relato de Lucas de la noche del nacimiento de Jesús involucra no sólo a un ángel sino a "una multitud del ejército celestial" (Lucas 2,13) que se aparece a los pastores. La escena es famosamente retratada en el clásico villancico "Ángeles cantando están" cuyas palabras en inglés fueron escritas por James Chadwick en 1882.

> Ángeles cantando están,
> tan dulcísima canción,
> las montañas su eco dan,
> como fiel contestación.
> Gloria in excelsis Deo!

La última línea "Gloria in excelsis Deo", que en latín traduce "Gloria a Dios en las alturas", se usa en las iglesias todos los domingos.

En este capítulo examinaremos el papel de los ángeles en el nacimiento de Jesús. ¿Por qué vienen a los pastores? ¿Por qué son los ángeles los que anuncian el nacimiento del Mesías? ¿Y cómo vamos a entender el mensaje angelical de "noticias de paz y amor" y de "paz en la tierra"?

¿Por qué los pastores?

Después de describir cómo Jesús nació en Belén y fue puesto en un pesebre Lucas dice: "Ahora, en esa misma región había pastores en el campo, vigilando su rebaño por la noche" (Lucas 2,8). ¿Por qué son tan importantes los pastores?

Él ha levantado a los humildes

Contrariamente a lo que usted puede haber oído los pastores no eran especialmente considerados en desdén por los antiguos judíos como toscos o impuros; héroes del pasado de Israel como Moisés habían sido pastores (véase Éxodo 3,1), aun así, los pastores estaban entre los pobres y humildes. Para Lucas esto los convierte en candidatos perfectos para recibir "las buenas noticias".

Cuando María visita a Elizabeth, esta estalla en una canción de alabanza:

[Dios] ha puesto sus ojos en la humidad de su esclava…
Desplegó la fuerza de su brazo,
dispersó a los que son soberbios en su propio corazón.
Derribó a los potentados de sus tronos

y exaltó a los humildes.
A los hambrientos colmó de bienes,
· y despidió a los ricos sin nada. (Lucas 1,48, 51–53)

María da voz al tema que recorre todo el Evangelio de Lucas:
Dios levanta a los caídos y a los humildes mientras derriba
a los ricos y a los poderosos que son arrogantes de corazón
siendo esto la clave para entender el papel de los pastores en el
nacimiento de Jesús.

El Rey Pastor como Rey de los Pastores

Especialmente relevante para la historia de Lucas es el hecho de
que David, el hombre que puso a Belén en el mapa, era él mismo
un pastor (1 Samuel 16,11). Que Dios llamó a un simple pas-
torcillo a reinar sobre Israel es un tema destacado en los libros
bíblicos, más tarde, el Señor le recuerda a David sus orígenes
humildes diciendo: "Te saqué del pasto, de seguir a las ovejas
para ser príncipe sobre mi pueblo Israel" (2 Samuel 7,8).

Al relatar el nacimiento de Jesús Lucas destaca la forma en
que Dios continúa usando lo improbable. Comienza relatando
cómo César había emitido un decreto que implicaba la inscripción de "todo el mundo" (Lucas 2,1), pero el verdadero Rey,
así como David, emerge de la oscuridad. Ni siquiera tiene su
propia cama, está acostado en un pesebre. César puede estar rei-
nando, pero no tiene ni idea de lo que está ocurriendo en su
reino. Los pobres pastores, sin embargo, sabrán lo que el emperador no sabe: el mundo está a punto de ponerse patas arriba.

Noticias de consuelo y alegría

Al principio es un solo ángel el que se aparece a los pastores. Al igual que Zacarías (Lucas 1,12) la primera reacción de

los pastores al ángel es el miedo. Sin embargo, el mensajero celestial los consuela diciéndoles "os anuncio una gran alegría" (Lucas 2,10). ¿Qué tiene de "alegría" su anuncio?

La Proclamación del Nacimiento del Rey

En Lucas el ángel les dice a los pastores:

> No temáis, pues os anuncio una gran alegría, que lo será para todo el pueblo: os ha nacido hoy, en la ciudad de David, un salvador, que es el Cristo Señor; y esto os servirá de señal: encontraréis un niño envuelto en pañales y acostado en un pesebre". (Lucas 2,10–12)

El ángel se apresura a consolar a los pastores; no deben tener miedo y les anuncia: "Os traigo buenas nuevas". ¿Cuáles son estas "buenas nuevas"? El Cristo—el Mesías—ha nacido. El verdadero Rey ha llegado.

El lenguaje utilizado por el ángel parece tener un subtexto importante. Una inscripción antigua que data del año 9 a.C. anuncia el cumpleaños de César Augusto con palabras sorprendentemente similares a las utilizadas por el ángel:

> La Providencia, que ha ordenado todas las cosas y está profundamente interesada en nuestra vida, se ha puesto en el orden más perfecto al darnos a Augusto, a quien llenó de virtud para que pudiera beneficiar a la humanidad, enviándolo como *salvador*... para que pudiera terminar con la guerra y arreglar todas las cosas y como él, César, por su apariencia (superó incluso nuestras anticipaciones), superó a todos los benefactores anteriores, y ni siquiera dejó a la posteridad ninguna esperanza de superar lo que ha hecho, el cumpleaños *del*

dios Augusto fue el comienzo de *las buenas nuevas* [*euangeliōn*] para el mundo que vinieron gracias a él.[1]

Los eruditos notan varios paralelismos entre la forma en que se anuncia el nacimiento de César en esta inscripción y lo que el ángel dice sobre el nacimiento de Cristo en Lucas:

Descripción romana del nacimiento de César	El mensaje del ángel del nacimiento de Jesús
Para "beneficiar a la humanidad"	Pronunciado a "toda la gente"
Cesar es "Salvador"	Cristo es "Salvador"
"buenas nuevas"	"Yo traigo buenas nuevas"

Según el ángel lo que la propaganda imperial atribuye al César se realiza realmente en Cristo.

Los escritores de los evangelios revelan que las esperanzas de salvación no deben depender de figuras políticas. Como les señalo con frecuencia a mis alumnos, Jesús perdió la única elección en la que se presentó a votación; la multitud eligió a Barrabás en lugar de a Cristo. El nombre de Barrabás es significativo; literalmente significa "hijo del padre" (de las palabras arameas *bar* ["hijo de"] y *abba* ["padre"]). Por lo tanto, Barrabás es retratado como una especie de "hijo de Dios" falso, según Marcos había sido arrestado en una insurrección (Marcos 15, 7). En otras palabras, Barrabás representa la noción de que las esperanzas de Israel se harán realidad mediante la *violencia política*. Jesús, sin embargo, muestra que los pecadores

---

1 Traducido por Craig A. Evans, "Mark's Incipit and the Priene Calendar Inscription: From Jewish Gospel to Greco-Roman Gospel," *Journal of Greco-Roman Judaism and Christianity* 1 (2000): 67–81.

deben ser redimidos no matándolos sino sufriendo por ellos. En lugar de tomar el asunto en sus propias manos, Cristo se entrega a sí mismo en manos de otros.

En griego el anuncio del ángel, "Les traigo buenas nuevas" (*euangelizomai*) usa la forma verbal de la también palabra griega traducida como "buenas nuevas" o "evangelio" (*euangelion*). Los pastores, por tanto, escuchan el "evangelio": el Cristo ha venido, y él es el verdadero salvador.

El evangelio de la alegría

El tema de la alegría impregna el Evangelio de Lucas. Cuando Gabriel saluda a María literalmente le dice: "*Alégrate* [*chaire*], llena eres de gracia, el Señor está contigo" (Lucas 1,28). La traducción tradicional, "Salve", no es inexacta, pero lamentablemente oscurece este significado: María debe estar gozosa porque Dios está presente en ella.

El gozo se asocia especialmente con apartarse del pecado en el arrepentimiento. Jesús dice: "se produce alegría ante los ángeles de Dios por un solo pecador que convierta" (Lucas 15,10). Más adelante en el Evangelio el recaudador de impuestos Zaqueo recibe a Jesús con "alegría" (Lucas 19,6) antes de renunciar a sus caminos pecaminosos. El gozo resaltado en el mensaje del Evangelio entonces está anclado en última instancia en la noción de reconciliación con Dios lo que nos lleva a una idea relacionada proclamada por los ángeles: "paz".

El ejército del cielo y la paz en la tierra

Después de haber escuchado las "buenas nuevas de gran alegría" que "Cristo el Señor" ha nacido (Lucas 2,11) los cielos se llenan con el sonido de coros angelicales:

Y de pronto se juntó con el ángel una multitud del ejército celestial, que alababa a Dios, diciendo: "Gloria a Dios en las Alturas y en la tierra paz a los hombres en quienes él se complace". (Lucas 2,13–14)

Aquí podemos señalar dos cosas. Primero, la aparición de una "multitud" de ángeles. En segundo lugar, que la "paz en la tierra" no se concede simplemente a todos sino a aquellos "en quienes [Dios] se complace". Consideremos aquí estos aspectos del relato de Lucas.

Una "hueste" del ejército celestial

Lucas dice que "una hueste del ejército celestial" se apareció a los pastores. La palabra "hueste" en inglés "host" puede ser fácilmente malinterpretada pues el término puede referirse a alguien que recibe o entretiene a los huéspedes; ese no es el significado de la palabra aquí. La palabra griega traducida como "hueste" (*stratia*) significa fuerzas militares; aquí los pastores tienen una visión del ejército celestial.

Los soldados angélicos se encuentran a lo largo de las Escrituras, por ejemplo, en el Antiguo Testamento leemos una historia en la que el profeta Eliseo y su siervo están rodeados de tropas enemigas; cuando el joven comienza a temer Eliseo lo consuela diciendo: "No temas, que hay más con nosotros que con ellos" (2 Reyes 6,16). Después Eliseo ora para que los ojos de su siervo se abran y el joven ve que "la montaña estaba llena de caballos y carros de fuego en torno a Eliseo" (2 Reyes 6,17). Finalmente Eliseo es liberado.

La visión de los pastores de las tropas celestiales del Señor señala que Dios es el verdadero Rey; mientras que César busca manifestar su poder a través de la fuerza, los ejércitos del Señor permanecen invisibles, vienen a cantar la paz. Esto se enfatiza

la mansedumbre del Rey recién nacido. Puede que sus soldados no sean vistos, pero no por ello dejan de ser reales. Ellos
podrían fácilmente liberar a Jesús de sus enemigos, en cambio
Jesús se niega a mostrar su gloria y convocar a los poderes
angélicos que están a su disposición (cfr. Lucas 4,9–11). Jesús
no vencerá por demostraciones de fuerza y poder sino por su
sufrimiento en el amor.

Gloria a Dios en las alturas

¿Cómo entonces se involucran los ejércitos angélicos en la
batalla? A través de la adoración. No hay ninguna mención
aquí de espadas angelicales, la "hueste" de ángeles está completamente ocupada en alabar a Dios y decir: "Gloria a Dios
en las alturas" (Lucas 2,13–14).

En la aparición del primer ángel leemos "La gloria del
Señor los envolvió en su luz" (Lucas 2,9). En las Escrituras, la
aparición de la gloria de Dios está especialmente relacionada
con el tabernáculo y el templo, es decir, los lugares donde
Israel adora al Señor.[2] En el clímax del libro del Éxodo leemos
que "la gloria de Yahvé llenó la Morada" (Éxodo 40,34). Más
tarde Isaías tendrá una visión del Señor en el templo en la que
ve a los serafines llamándose unos a otros:

"Santo, santo, santo Yahvé Sebaot: ¡llena está toda la tierra
de su gloria!" (Isaías 6,3). La revelación de la gloria de Dios a
los pastores en la noche de la natividad de Cristo nos muestra
lo que está sucediendo en Belén: el cielo viene a la tierra en el
pesebre; el Señor ha venido.

La gloriosa verdad de la identidad del niño podría ser insi-
nuada por el anuncio original del ángel: "Os ha nacido hoy"
(Lucas 2,11). Esta línea parece evocar a Isaías 9:

---

2   Raymond E. Brown, *The Birth of the Messiah: New Updated Edition* (New Haven, CT: Yale
University Press, 1993), 426.

Porque una criatura nos ha nacido,
   Un hijo se nos ha dado ...
   Y se llamará
"Maravilla de Consejero, *Dios Fuerte,*
   Siempre Padre, Príncipe de Paz." (Isaías 9,5)

El Dios Poderoso ha llegado en la venida de Jesús.

El cumpleaños de la paz

Finalmente observamos que los ángeles declaran: "En la tierra
paz a los hombres en quienes Él se complace [*eudokias*]" (Lucas
2,14). La especificidad —"con quien Él se complace"— es
importante. Las traducciones más antiguas simplemente dicen:
"Paz en la tierra y buena voluntad hacia los hombres", empero,
esta lectura se basa en manuscritos menos confiables del Evangelio de Lucas. El mensaje de los ángeles no es que la paz se
encontrará entre todos los pueblos, más bien proclama que la
paz se encuentra entre aquellos *con quienes Dios está complacido.*
   Sin embargo, ¿con quién está Dios "complacido"? Lucas
más tarde nos lo muestra. En el bautismo de Jesús el Espíritu
desciende sobre Él y se oye una voz del cielo: "*Tú eres mi
Hijo; yo hoy te he engendrado* [*eudokēsa*]" (Lucas 3,22). Cristo
modela cómo debe ser la persona que agrada a Dios, para
encontrar la paz, debemos llegar a ser como Cristo.
   Esto lleva a otra pregunta: ¿Qué significa "paz"? Según
Agustín, la paz es "la tranquilidad del orden",[3] donde hay
orden hay paz; donde las cosas están desordenadas, no lo hay.
La paz entonces no es simplemente la ausencia de conflicto;
los romanos podían presumir de acabar con sus enemigos,
sin embargo, la *pax Romana* —la "paz romana"— no era la

---

3   Agustín, *La ciudad de Dios* 19.13.1.

verdadera paz. Esto sólo se puede encontrar cuando todas las cosas están ordenadas correctamente. Las políticas brutales y la auto-exaltación de César no tenían que ver con el verdadero orden. Más bien, es en Cristo que todas las cosas se arreglan con Dios y el hombre. De hecho, la presencia de los ángeles puede ser vista como una indicación de esto.

En una homilía navideña pronunciada a finales de los años 500, Gregorio Magno se centra en el significado de los ángeles en las Escrituras. Adán y Eva, señala, fueron exiliados de la presencia de Dios en el Jardín del Edén después de su pecado, los querubines les impidieron regresar al jardín. El Génesis nos dice: "puso [Dios] delante del jardín del Edén querubines y la llama de espada vibrante para guardar el camino al árbol de la vida" (Génesis 3,24). Gregorio Magno como otros intérpretes antes que él, entiende que los querubines son seres celestiales, es decir, ángeles.

Ahora Gregorio Magno observa que debido al nacimiento de Cristo la relación entre los ángeles y los humanos ha cambiado:

> Antes de que el Redentor naciera en la carne, había discordia entre nosotros y los ángeles... Porque a través del pecado nos habíamos vuelto extraños a Dios, los ángeles como súbditos de Dios nos aislaron de su comunión...Debido a que el Rey de los cielos ha tomado para sí la carne de nuestra tierra, los ángeles desde sus alturas celestiales ya no miran nuestra debilidad. Ahora están en paz con nosotros, guardando el recuerdo de la antigua discordia.[4]

Cristo trae la armonía al cielo y la tierra manifestándose en la presencia de la hueste celestial cantando "paz" a los pastores.

---

4   Gregorio Magno, *Homilies on the Gospels* 8.2, trad. y ed. M. F. Toal, in *The Sunday Sermons of the Great Fathers*, 4 vols. (Chicago: Henry Regnery, 1958).

La Navidad es un tiempo para la alegría y la paz ante todo porque celebramos estar reconciliados con Dios en Cristo; tenemos paz con el Señor. Citando la enseñanza de Efesios de que Cristo es "nuestra paz" (Efesios 2,14), a mediados de los años 400, León Magno declara: *"El cumpleaños del Señor es el cumpleaños de la paz"*.[5] A pesar de cualquier conflicto que encontremos en el mundo, en Cristo tenemos la seguridad de la paz. Como Jesús les dice a los discípulos en el Evangelio de Juan "Os he dicho estas cosas para que tengáis paz en mí. En el mundo tendréis tribulación. Pero ¡ánimo!: yo he vencido al mundo" (Juan 16,33).

En la adoración de la Iglesia la paz y la alegría del cielo también se hacen presentes de una manera única. Como vimos en el último capítulo, la tradición cristiana reconoce que el pesebre nos señala a la Eucaristía donde el Señor está presente para su pueblo. La Iglesia es "Belén", es la "casa del pan", el pan del cielo. Cada celebración eucarística es una especie de "pequeña Navidad". Por esta razón la liturgia dominical está marcada por el canto del mismo himno cantado por los ángeles: "¡Gloria a Dios en las alturas!" Con oídos de fe, escuchamos una vez más en la liturgia a los mismos ángeles que estaban presentes en el campo mientras nos unimos a su canto. El cielo y la tierra están unidos en adoración gozosa.

La alegría en la que entramos no es una mera emoción fugaz, tampoco es algo que reunimos fingiendo que no hay penas en la vida. Primero Pedro nos dice: "sino alegraos *en la medida* en que participáis en los sufrimientos de Cristo, para que también os alegréis alborozados en la revelación de su gloria" (1 Pedro 4,13). En el sufrimiento estamos unidos a Cristo a quien Lucas identifica con el Siervo de Isaías, *"varón de dolores"* (Isaías 53,3; cfr. 53,12; Lucas 22,37).

---

5 León Magno, *Sermon* 26.5, in *Nicene and Post-Nicene Fathers: Second Series*, 12:138; énfasis añadido.

Como hemos visto de una manera particular Lucas vincula el gozo con el arrepentimiento. Por lo tanto, una de las maneras más apropiadas de entrar en el misterio del nacimiento de Cristo es aprovechar la oportunidad para confesar nuestros pecados y beneficiarnos de la misericordia de Dios. En la tradición católica esto se encuentra especialmente en el Sacramento de la Reconciliación en el que los creyentes hacemos lo que la Carta de Santiago enseña: "Confesaos, pues, mutuamente" (Santiago 5,16). Sólo reconociendo nuestros pecados y arrepintiéndonos de ellos podemos entrar en la alegría de la temporada navideña. Cristo nos salva de la vida de pecado que nos lleva al exilio, de hecho, esta fue una lección que algunos escritores cristianos primitivos detectaron en la historia de los reyes magos. Ahora examinemos su papel en la historia del nacimiento de Jesús.

9

"Estrella de maravilla":
Los misteriosos reyes magos

La Navidad se ha convertido en la época preeminente del año para la entrega de regalos. Aunque este aspecto de la temporada navideña puede llegar a ser deformado por el consumismo, la idea de dar regalos está ciertamente relacionada con la historia del nacimiento de Jesús en el Nuevo Testamento. En Mateo leemos específicamente sobre un misterioso grupo de viajeros que vienen con regalos, los "magos".

Aunque nunca se les llama "reyes" en el Evangelio de Mateo, los magos son frecuentemente representados como miembros de la realeza, su historia se cuenta en el conocido villancico en inglés "We Three Kings" escrito por John Henry Hopkins en 1857 el cual no ha sido oficialmente traducido al español pero se encuentran diferentes versiones que unánimemente lo llaman "Somos tres reyes de oriente". Entre otras cosas, la canción destaca la forma en que los magos siguen a la famosa "estrella de Navidad" hasta el lugar del nacimiento de Jesús, en la letra, los reyes son representados como los cantores:

> ¡Oh! Estrella de maravilla, Estrella de la noche,
> Estrella con belleza regia y brillante.
> Dirigiéndote al oeste, siguiendo tu curso,
> guíanos a tu perfecta luz.

En versos posteriores la canción detalla los dones que los magos traen a Jesús: oro, incienso y mirra.

La historia de los magos plantea muchas preguntas. ¿Quiénes son? ¿Por qué son retratados como reyes en la tradición cristiana? ¿Qué es la estrella? ¿Y qué es el "incienso"? Aquí responderemos a estas preguntas. Como veremos, la historia de los magos apunta más allá de sí misma y nos recuerda la razón por la que Cristo nació en primer lugar para salvar al pueblo de Dios.

¿Quiénes son los reyes magos?

En el Evangelio de Mateo los magos hacen su primera aparición en Jerusalén anunciando el nacimiento de un nuevo rey:

> Nacido Jesús en Belén de Judea, en tiempo del rey Herodes, unos magos que venían del Oriente se presentaron en Jerusalén, diciendo: "¿Dónde está el Rey de los judíos que ha nacido? Pues vimos su estrella en el Oriente y hemos venido a adorarle". (Mateo 2,1–2)

¿Quiénes son los "reyes magos" y por qué Mateo nos cuenta la historia de su visita?

Los magos en el mundo antiguo

La palabra "magos" es plural, no singular. Nos llega a través de la latinización del sustantivo griego *magos* (singular). La palabra griega tenía diferentes significados en la literatura antigua.[1] Podría referirse a figuras religiosas que vinieron de

---

1   Ver discusión y fuentes en Craig S. Keener, *Acts: An Exegetical Commentary*, 4 vols. (Grand Rapids, MI: Baker Academic, 2014), 1502.

Media y se elevaron a la prominencia en el Imperio Persa. Los escritores griegos y romanos también mencionan magos de Babilonia. En la traducción griega del Antiguo Testamento los magos en Babilonia se agrupan junto con los "reyes magos" y los encantadores (Daniel 2,10, 27) siendo esta es la razón por la que el término "hombres sabios" se puede aplicar a los magos en Mateo.

El término podría significar simplemente "aquellos que poseían conocimientos y habilidades superiores, incluidos los astrólogos, los sabios orientales y los adivinos en general".[2] Por lo tanto, a veces se interpreta que los magos que visitan a Jesús representan a los paganos sabios y virtuosos que buscaban la verdad de Dios.

Para los judíos, empero, los "magos" no eran necesariamente benévolos. Los lectores probablemente se darán cuenta de la conexión entre "magos" y "magia". En las obras judías los magos a menudo son identificados como hechiceros,[3] según la ley los individuos que practicaban la brujería debían ser ejecutados (Éxodo 22,18; Deuteronomio 13,10; cfr. 18,10). Para muchos judíos antiguos, el uso de la magia estaba vinculado a los poderes ocultos y demoníacos,[4] sin embargo, muchos no judíos despreciaban la "magia" atribuyéndola a la superstición o al fraude. En algunas obras, por lo tanto, los magos son vistos como charlatanes.

En el libro de los Hechos de los Apóstoles las diversas opiniones negativas de los magos parecen sentarse una junto a otra. En Hechos 8, nos encontramos con un *magos* llamado Simón que se dice que es capaz de realizar actos asombrosos (Hechos 8,9–11); aquí parecería que un *magos* es retratado como quien tiene la capacidad de hacer obras espectaculares

---

2   W.D. Davies and Dale C. Allison, Jr., *The Gospel according to Saint Matthew*, 3 vols. (London; New York: T&T Clark International, 2004), 1:228.

3   Daniel 2,2, 10, LXX; *T. Reub.* 4:9; Philo, *Special Laws* 3:93.

4   Documento de Damasco (CD) 5:18.

a través del poder del mal. Más tarde en Hechos Pablo tiene un encuentro con otro *magos*, "un falso profeta judío", que es conocido por dos nombres, "Bar-Jesús" y "Elymas" (Hechos 13,4–8). El apóstol Pablo lo condena diciendo: "Tú, repleto de todo engaño y de toda maldad, hijo del Diablo, enemigo de toda justicia, ¿no acabarás ya de torcer los rectos caminos del Señor?" (Hechos 13,10). Aquí el mago es retratado como malvado y engañoso, es decir, fraudulento.

El significado de los magos en Mateo

Si bien es teóricamente posible que los magos de Mateo sean judíos como Elymas en Hechos, tres detalles hacen que esto sea extremadamente improbable. Primero, se describen como provenientes" del oriente" (Mateo 2,1). Segundo, después de visitar al niño Jesús "se retiraron a su propio país" (Mateo 2,12); si los magos fueran judíos hubiera sido extraño llamar a un territorio gentil "su propio país". Finalmente, los magos vienen en busca del "Rey de los Judíos". Los judíos prefirieron usar el título de "Rey de Israel" (1 Samuel 24,14; Proverbios 1,1; Juan 1,49).[5] Más adelante en Mateo, los romanos llaman a Jesús "Rey de los Judíos" (Mateo 27,29, 37), mientras que los judíos en la Cruz usan la expresión "Rey de Israel" (Mateo 27,42).

Al incluir a los gentiles en la historia de la natividad de Jesús, Mateo señala lo que sucede al final del Evangelio: Jesús envía a los doce a hacer discípulos de "todas las gentes" (Mateo 28,19). Por lo tanto, los primeros escritores cristianos sostienen que la venida de los magos apunta a la forma en que el nacimiento del Mesías señala la salvación de toda la humanidad.

---

5   Dale C. Allison, Jr., *Constructing Jesus: Memory, Imagination, and History* (Grand Rapids, MI: Baker Academic, 2010), 235.

Aunque los magos probablemente no son judíos Mateo nunca nos dice su origen exacto, Partia o Persia sería una conjetura natural. Las primeras representaciones cristianas tienden a retratarlos como provenientes de Persia, este entendimiento terminó salvando la famosa Iglesia de la Natividad en Belén en el año 614 D.C. cuando los soldados persas saquearon la ciudad y quemaron iglesias y entraron en la Iglesia de la Natividad, vieron un mosaico que retrataba a los magos como persas y fue esta la razón por la que los invasores salvaron la iglesia.[6]

Aun así, no es seguro que los magos fueran persas. Las primeras fuentes que los identifican, incluyendo a Justino Mártir y Tertuliano, dicen que los magos vinieron de Arabia.[7] Alternativamente, una conexión babilónica podría ser vista como apropiada dado el exilio judío a Babilonia, algo que Mateo menciona en el primer capítulo de su Evangelio. Sin embargo, dado que Mateo nunca nos dice de dónde vinieron cualquier conclusión sobre su origen debe mantenerse tentativamente.

La inclusión de magos en la escena del nacimiento de Jesús también puede ser una señal de que Dios incluirá en su reino a aquellos que han sido asociados con el mal y el engaño. Más tarde cenaría con pecadores conocidos como recaudadores de impuestos y los llamaría a seguirlo (Mateo 9,9–13), así incluso en su infancia Jesús atrae a los magos hacia sí mismo.

Escribiendo a mediados de los años 200, el erudito cristiano primitivo Orígenes ofrece esta interpretación de la importancia de los magos:

> Los magos están en comunión con los demonios y por sus fórmulas los invocan para los fines que desean; y tienen éxito en estas prácticas, siempre y cuando no aparezca o se

---

6 Ver Raymond E. Brown, *The Birth of the Messiah: New Updated Edition* (New Haven, CT: Yale University Press, 1993), 168.
7 Justino Mártir, *Dialogue with Trypho* 77; Tertullian, *Against Marcion* 3113.

pronuncie nada más divino y potente que los demonios y el hechizo que los invoca. Pero si apareciera algo más divino, los poderes de los demonios serían destruidos... *El efecto [del nacimiento de Jesús] fue que los demonios perdieron su fuerza y se debilitaron; su hechicería fue refutada y su poder derrocado...* En consecuencia, cuando los magos quisieron realizar sus prácticas habituales, que previamente habían efectuado por ciertos encantos y engaños, trataron de averiguar la razón por la que ya no trabajaban, concluyendo que era por algo importante. Al ver una señal de Dios en el cielo, desearon ver lo que indicaba.[8]

La interpretación ofrecida por Orígenes obviamente va más allá de lo que Mateo dice explícitamente, no obstante, desarrolla el punto esencial de que en la búsqueda de los magos por Jesús podríamos ser capaces de detectar una referencia a la superioridad de Cristo y la derrota de los poderes demoníacos.

Los magos como reyes y las imágenes de los camellos

En escenas del pesebre y en el arte los magos a menudo son retratados como tres reyes montados en camellos. Fuentes posteriores incluso asignarían nombres a los magos (ver más abajo). Sin embargo, Mateo nunca nos dice cuántos de ellos había, si eran miembros de la realeza, cómo viajaban o cuáles eran sus nombres. Entonces ¿de dónde nos llegan estas cosas?

Primero, muchos suponen que la razón por la que los magos llegaron a ser vistos como un grupo de tres es porque Mateo

---

8   Orígenes, *Contra Celsum* 1.60, trad. Henry Chadwick (Cambridge: Cambridge University Press, 1953), 54–55.

los describe como trayendo tres dones a Jesús: oro, incienso y mirra (Mateo 2,11), ahora, el primer escritor en retratar a los magos como una tríada fue el erudito cristiano primitivo Orígenes quien nunca menciona los tres dones. Orígenes cree que los visitantes gentiles de Jesús están prefigurados en una historia que se encuentra en el libro del Génesis: tres paganos visitan a Isaac, el hijo de Abraham, buscando establecer un pacto con él (Génesis 26,26).[9] Orígenes señala aspectos de la narrativa del Génesis que tienen paralelismos con el relato de Mateo de los magos:

Los paganos que visitan a Isaac (Génesis 26)	Los Reyes Magos que visitan a Cristo (Mateo 1–2)
"Vemos claramente"	"Vieron la estrella... Vieron al niño"
"El Señor está contigo"	Cristo es "Dios con nosotros"
Génesis 26,28	*Mateo 2,10–11; 1,23*

A partir de Orígenes la tradición cristiana retrataría a los magos como un grupo de tres. Escritores posteriores los identificarían como un grupo de tres debido a sus tres dones.

En segundo lugar, la idea de que los magos son "reyes" que vienen montados en "camellos" surge de pasajes del Antiguo Testamento que los eruditos ven como "implícitos" en la narrativa de Mateo,[10] los dones de "oro" e "incienso" de los magos son una reminiscencia de la visión de Isaías de la futura restauración de Israel:

---

9   Orígenes, *Homilies on Genesis* 14.3.
10 Brown, *Birth of the Messiah*, 179.

Un sin fin de *camellos* te cubrirá,
jóvenes *dromedarios* de Madián y Efá.
Todos ellos de Sabá
vienen portadores de *oro* e *incienso*,
y pregonando alabanzas a YAHVÉ…
Hijos de extranjeros construirán tus muros
y sus *reyes* se pondrán a tu servicio …
Para dejar entrar a ti las riquezas de las naciones,
traídas por los *reyes*. (Isaías 60,6, 10–11)

Este pasaje fue visto por los primeros escritores cristianos como un presagio de la visita de los magos dado que aquellos que traen regalos de "oro" e "incienso" en Isaías son "reyes" que vienen con "camellos"; los oráculos de Isaías se fusionaron con la historia de Mateo. Por lo tanto, los belenes que retratan a los magos como reyes montados en camellos están esencialmente proclamando que su visita fue profetizada en Isaías.

La tradición de representar a los magos como "reyes" está relacionada con otro pasaje del Antiguo Testamento: el Salmo 72. Aquí el salmista habla de cómo los reyes extranjeros vendrán y traerán regalos al hijo de David. La versión de este salmo en la traducción griega del Antiguo Testamento contiene algunos paralelismos importantes con la narrativa de Mateo:

Los *reyes* de Tarsis y las islas *traerán tributo*.
¡*Los reyes de* Sabá y de Seba pagarán impuestos!
Todos los *reyes* se *postrarán* ante él,
¡Le servirán todas las naciones! (Salmo 72,10–11)

Este salmo fue fácilmente interpretado como una profecía acerca de Jesús, quien se presenta claramente como el hijo de David en Mateo. La escena de la visita de los magos en Mateo evoca aspectos del salmo:

Los reyes en el Salmo 72	Los reyes magos en Mateo 2
Reyes "ofrecen" (*prosoisousin*)	Magos "ofrecen" (*prospherō*)
"regalos" (*dōra*) al hijo de David	"regalos" (*dōra*) a Cristo
... "adoran" (*proskynēsousin*) al hijo de David	... "adoran" (*prosekynšan*) a Cristo
Salmo 72(71),10, 11	*Mateo 2,11*

Adicional, el salmo dice que el rey "salvará" (*sōsei*) a los pobres y "rescatará" (*lytrōsetai*) a su pueblo (Salmo 72,13–14, LXX); empleando palabras que Mateo utiliza para Jesús— él "salvará [*sōsei*] a su pueblo" (Mateo 1,21) dando su vida como un "rescate [*lytron*] por muchos" (Mateo 20,28). Por lo tanto, los magos pueden ser vistos como cumpliendo la visión del Salmo 72.

Los reyes magos en la tradición

El primer intento de nombrar a los magos se encuentra en una fuente anónima de Alejandría, Egipto, que se puede fechar en los años 500. Allí los tres viajeros se llaman "Bithisarea, Melchior y Gaspar". Más tarde en el mismo siglo una versión ligeramente modificada de estos nombres se incluye en un mosaico encontrado en una iglesia ubicada en Rávena, Italia, aquí se dice que son "Baltassar, Melchor y Gaspar". Estos nombres experimentaron un mayor desarrollo, una "s" fue eliminada de "Baltassar" y "Gaspar" se convirtió en "Caspar". "Baltasar" podría provenir de "Belteshazzar" el nombre babilónico del profeta Daniel (Daniel 1,7). "Melchor" puede venir por las palabras hebreas para "rey" y "luz". "Caspar" podría ser una alusión a un rey indio. Sin embargo, nadie sabe a ciencia cierta cómo se eligieron estos nombres.[11]

También surgen otras tradiciones. Fuentes siríacas como *la Revelación de los Magos* dicen que había *doce* magos diferentes proporcionando nombres para todos ellos pero las fuentes siríacas no están todas de acuerdo en los detalles de sus identidades.[12]

Por último, un pasaje que durante mucho tiempo se atribuyó erróneamente al escritor inglés Beda ofrece esta descripción de los magos:

> Se dice que el primero fue Melchor, un anciano con el pelo blanco y una larga barba... que ofreció oro al Señor como a un rey. El segundo, Gaspar por su nombre, joven y sin barba y de tez rojiza... lo honró como Dios por su don de incienso, una oblación digna de la divinidad. El tercero, de piel negra y barbudo, llamado Baltasar... por su don de mirra testificó al Hijo del Hombre que iba a morir.[13]

Este relato parece haber dado forma a la imaginación cristiana posterior donde las representaciones de los magos generalmente los presentan de maneras inspiradas en esta explicación, destacando la forma en que encarnan a los pueblos de todo el mundo.

Aún más fascinante que los magos quizá ha sido para los lectores otra parte de su historia: la estrella de Navidad. Ahora pasamos a considerar este aspecto de la presentación de Mateo.

---

11 Para obtener más información, consulte Joseph F. Kelly, *The Feast of Christmas* (Collegeville, MN: Liturgical Press, 2010), 31.

12 Para obtener una explicación, consulte Witold Witakowski, "The Magi in Syriac Tradition," en *Malphono w-Rabo d-Malphone: Studies in Honor of Sebastian P. Brock* (Piscataway, NJ: Gorgias Press, 2008), 809–43.

13 Citado por Brown, *Birth of the Messiah*, 199.

La estrella de Navidad

La "estrella de Belén" ocupa un lugar destacado en la iconografía navideña, pero, ¿por qué una estrella? ¿Y qué fue?

La insuficiencia de la estrella

En la literatura antigua los signos astronómicos se asociaban con eventos importantes. Según Virgilio, Eneas fue conducido por una estrella al lugar donde se iba a fundar Roma.[14] El antiguo historiador romano Suetonio informa que el nacimiento de Augusto fue anunciado por un portento que se interpretó como el anuncio del nacimiento de un nuevo rey.[15] El historiador judío Josefo vincula la destrucción de Jerusalén con la aparición de una estrella que tenía la forma de una espada, también escribe sobre un cometa que continuó durante todo un año.[16] Para los lectores de Mateo no habría sido en absoluto sorprendente escuchar que el nacimiento del Mesías coincidió con un signo celestial.

Aquí podríamos notar un contraste entre lo que encontramos en Mateo y Lucas. Mientras que en este último los pastores judíos de Belén son informados del nacimiento del Mesías por los ángeles, los magos no escuchan una voz, en cambio siguen lo que parece ser un signo natural, una estrella. Los antiguos escritores cristianos vieron esto como apropiado, por ejemplo, Gregorio Magno observó que los gentiles no tienen revelación divina en las Escrituras; por lo tanto, era apropiado que llegaran a conocer el nacimiento de Cristo a través de una estrella, es decir, a través de un signo físico.[17]

---

14 Virgilio, *Aeneid* 2.694.
15 Suetonio, *Augustus* 94.
16 Josefo, *Jewish War* 6.289.
17 Gregorio Magno, *Forty Gospel Homilies*, trad. Dom Hurst (1990; repr., Piscataway, NJ: Gorgias Press, 2009), 55.

Aun así es probable que la estrella descrita por Mateo no se interprete como una especie de fenómeno natural ordinario. Algunos han tratado de reconstruir las circunstancias astronómicas precisas del nacimiento de Jesús identificando la estrella como una supernova, cometa o algún tipo de conjunción planetaria. Estos enfoques no son convincentes porque pasan por alto las características claves del Evangelio de Mateo. Se nos dice que la estrella "iba delante de ellos [de los magos] hasta que llegó y se detuvo encima del lugar donde estaba el niño" (Mateo 2,9). Este movimiento no es físicamente posible para una estrella. El signo celestial que lleva a los magos identifica el mismo lugar donde está el niño Jesús deteniéndose directamente sobre él.

Crisóstomo hace mucho tiempo señaló que la descripción de la estrella en Mateo indica que no es una estrella natural:

> Porque usted sabe que un lugar de dimensiones tan pequeñas... no podría ser marcado por una estrella. Por razones de su inmensa altura, no podía distinguir suficientemente un lugar tan confinado y revelarlo a aquellos que deseaban verlo... ¿Dime cómo entonces señaló la estrella un lugar tan confinado, solo el espacio de un pesebre y cobertizo, *a menos que salió de las alturas, bajó, y se paró sobre la cabeza misma del niño*?[18]

Uno no puede dar instrucciones a una casa identificando qué estrella está sobre ella. Para Crisóstomo la estrella por lo tanto debe haber *descendido*, incluso mantiene que se asentó sobre la cabeza de Cristo.

Por lo tanto, los Padres de la Iglesia veían el movimiento de la estrella como dirigido por ángeles o pensaban que la

---

18 Crisóstomo, *Homily on Matthew* 6.2 (3), en *Studies in Matthew: Interpretation Past and Present*, por Dale C. Allison, Jr. (Grand Rapids, MI: Baker Academic, 2005), 18.

estrella era un ángel disfrazado lo cual no es sorprendente. En las antiguas fuentes judías y cristianas "los ángeles y las estrellas van de la mano".[19] No es de extrañar entonces que las representaciones de la natividad a menudo reemplacen la estrella con un ángel. La noción de que debe haber sido un fenómeno astronómico puramente natural se arraigó sólo en el período moderno a medida que crecía el interés en las ciencias.

Aun así está claro en el relato de Mateo: la estrella no es capaz de llevar a los magos a Jesús por sí sola. Los magos siguen la estrella a Jerusalén, allí preguntan dónde está el nuevo rey. Es sólo cuando Herodes hace que los escribas consulten las Escrituras que se conoce la ubicación del lugar de nacimiento del Mesías como lo hemos visto antes. Por lo tanto, la narrativa sugiere los límites de la razón natural y la necesidad de la revelación divina, el intelecto humano puede ayudar a guiar a la humanidad a la verdad pero no es suficiente; la revelación divina es necesaria; de hecho, la presencia de la estrella en la narrativa de Mateo tiene más sentido cuando se entiende más a fondo su conexión con la profecía bíblica.

La estrella y la profecía de Balaam

La estrella de Navidad se interpreta mejor como una referencia a una profecía bíblica. Cerca del final del libro de Números un profeta gentil llamado Balaam entrega el siguiente oráculo:

> Lo veo, aunque no para ahora, lo diviso, pero no de cerca: *de Jacob avanza una estrella, un cetro surge de Israel.* Aplasta las sienes de Moab... *Será Edom tierra conquistada...* Jacob *domina* a sus enemigos. (Números 24,17–19)

---

19 Ibídem., 25. El resto del párrafo se basa en su capítulo (see 17–41).

La referencia a un "cetro" y al "dominio" apunta a la llegada de un futuro gobernante, la probabilidad de que Balaam esté describiendo a un rey que viene se consolida aún más por el simbolismo de la estrella; en otros textos bíblicos, los gobernantes están asociados con las estrellas (Isaías 14,12; Ezequiel 32,7).

Que el oráculo de Balaam fue interpretado como una profecía mesiánica por los antiguos judíos es confirmado por los Manuscritos del Mar Muerto donde se nos dice cómo interpretar el pasaje: "El cetro es *el príncipe de toda la congregación*".[20] Como escribe John Collins, un experto en los Manuscritos del Mar Muerto, "No cabe duda de que el príncipe que se identifica con el cetro... es también una figura mesiánica".[21]

A pesar de que nunca se cita explícitamente, los intérpretes antiguos y modernos generalmente están de acuerdo en que la estrella en Mateo está destinada a recordar al lector la profecía de Balaam.[22] Adicional hay una característica de la profecía que no debe pasarse por alto: "Será Edom tierra conquistada" (Números 24,18). Esto parece relevante para la narrativa más amplia de Mateo; el mismo rey Herodes era un idumeo y por lo tanto provenía de la tierra identificada con Edom. La alusión al pasaje de los Números parece implicar que Herodes está listo para una caída: "Será Edom tierra conquistada".

Balaam y los reyes magos

El antiguo autor judío Filón llama explícitamente a Balaam un *magos*, el mismo sustantivo que se usa para los "magos".[23]

---

20   Documento de Damascoª (CD) 7:20. Ligeramente adaptado por Florentino García Martínez y Eibert J. C. Tigchelaar, *The Dead Sea Scrolls Study Edition*, vol. 1 of 2 (Leiden: Brill, 1997), 569.

21   John Collins, *The Scepter and the Star: The Messiahs of the Dead Sea Scrolls and Other Ancient Literature* (New York: Doubleday, 1995), 64. Ver la explicación en 63–67.

22   Orígenes, *Against Celsus* 1.60; Jeronimo, *Commentary on Matthew* 2:2; Brown, *Birth of the Messiah*, 182.

23   Véase Filón, *Life of Moses* 1.276; cfr. 1.92.

Los primeros escritores cristianos aparentemente sabían sobre la supuesta relación de Balaam con los magos y creían que era importante para entender el nacimiento de Jesús, según algunos, los magos que visitaron a Jesús sabían del oráculo de Balaam. En los años 310 Eusebio, por ejemplo, escribe:

> Se nos dice que *los sucesores de Balaam* se movieron por [su predicción en Números 24] (porque la predicción se conservó muy probablemente entre ellos), cuando notaron en los cielos una extraña estrella además de las habituales... se apresuró a llegar a Palestina para preguntar por el Rey anunciado por la aparición de la estrella.[24]

En su muy respetado comentario sobre Mateo, W. D. Davies y Dale Allison concluyen que Eusebio probablemente estaba en el camino correcto: "Mateo probablemente pensó en los magos como 'sucesores de Balaam'... que vienen a presenciar el cumplimiento del oráculo [del Antiguo Testamento] que su predecesor pronunció hace tanto tiempo".[25]

La cuna y la cruz

Ningún tratamiento de los magos estaría completo sin una discusión acerca de sus tres dones. ¿Qué era exactamente "incienso"? ¿Y qué vamos a hacer con la historia que concluye la visita de los magos, específicamente, la historia horrible de la matanza de los niños inocentes por Herodes en Belén? ¿Por qué Mateo incluiría este detalle en la historia, por lo demás gozosa, del nacimiento de Cristo?

---

24 Eusebio, *Demonstration of the Gospel* 9.1, trad. W. J. Ferrar (New York: Macmillan, 1920).
25 Davies y Allison, *Matthew*, 1:231.

Los regalos de los reyes magos

Cuando los magos finalmente llegan al lugar de nacimiento de Jesús se dice que lo "adoran".

> Entraron en la casa; vieron al niño con María su madre y postrándose, le adoraron; abrieron luego sus cofres y le ofrecieron dones de oro, incienso y mirra. (Mateo 2,11)

Vale la pena hablar del verbo griego que Mateo usa para describir el acto de los magos de "adorar" (*proskyneō*) a Jesús. La palabra puede referirse simplemente al homenaje dado a un rey (1 Crónicas 29,20), sin embrago, dentro de la narrativa más amplia de Mateo, la escena parece apuntar a algo más que su identidad como el rey del linaje de David; como hemos visto en el Evangelio, Jesús es verdaderamente "Dios con nosotros" (Mateo 1,23). No es de extrañar entonces que sea "adorado".

Los tres dones dados a Jesús son cada uno de inmenso valor.[26] El incienso era hecho de la resina de los árboles e importado de Arabia (Jeremías 6,20) para su uso en la adoración religiosa (Éxodo 30,4–8; Levítico 24,7). La mirra era otra resina de los árboles del mismo nombre que se encontraban especialmente en Arabia y Etiopía. Al igual que el incienso, la mirra se usaba en el culto religioso, también se asociaba con la magia y las ceremonias de boda. Además, tenía otros usos incluyendo fines cosméticos y medicinales. Como hemos visto estos dones están asociados con la era de la restauración de Israel en Isaías 60,1–14. La venida de Jesús cumple tales esperanzas. Los regalos pueden ser vistos como una prueba del origen árabe de los magos pero dado que tales bienes fueron comercializados, los magos no son necesariamente árabes.

---

26 Para lo que sigue, véase ibídem., 1,249–51; Ulrich Luz, *Matthew*, Hermeneia, 3 vols. (Minneapolis: Fortress Press, 2007), 1, 114–15.

Conspiración contra el rey de los judíos

Los escritores cristianos posteriores encuentran un significado más profundo en los dones de los magos. Según muchos, incluyendo Irineo Clemente de Alejandría y Orígenes, el oro apunta a la identidad real de Jesús, el incienso significa su divinidad y la mirra anticipa su muerte.[27] Esta última interpretación tiene sus raíces en el informe del entierro de Jesús que no se encuentra en Mateo sino en Juan. Allí leemos que después de su Crucifixión, los que enterraron a Jesús lo hicieron usando "una mezcla de mirra" (19,39). A diferencia de Juan y Marcos (cfr. Marcos 15,23), Mateo no menciona la mirra en relación con la Pasión o muerte de Jesús, sin embargo su relato de Mateo del nacimiento de Jesús contiene elementos que presagian la Pasión de Jesús.

Cuando los magos aparecen en Jerusalén preguntan: "¿Dónde está el *Rey de los judíos* que ha nacido?" (Mateo 2,2). Este título reaparece en el relato de Mateo de la Pasión de Jesús donde Pilato le pregunta: "¿Eres tú el *rey de los judíos*?" (Mateo 27,11). En otra escena Jesús es ridiculizado por los soldados romanos que le colocan una corona de espinas en la cabeza y se arrodillan ante él burlándose y declarando: "¡Salve, *rey de los judíos*!" (Mateo 27,29). Finalmente, cuando Jesús es crucificado, los romanos colocan un cartel sobre su cabeza que dice: "Este es Jesús, el *Rey de los Judíos*" (Mateo 27,37).

La respuesta de Herodes a la llegada de los magos además parece anticipar lo que sucede en la Pasión de Jesús. Cuando los magos vienen, Herodes reúne a los líderes religiosos: "*Convocó a todos* los sumos sacerdotes y escribas del pueblo y por ellos se estuvo informando del lugar donde había de nacer el Cristo" (Mateo 2,4). Sorprendentemente, el mismo verbo griego traducido como "Convocó a todos" (*synagō*)

---

27 Irineo, *Against Heresies* 3.9.2; Clemente de Alejandria, *Christ the Educator* 2.8.63; 5; Orígenes, *Against Celsus* 1.60.

se usa repetidamente en el relato de Mateo de la Pasión de Jesús.[28] Los "sumos sacerdotes y los ancianos" se "reunieron" para planear el arresto de Jesús (Mateo 26,3); los "escribas y ancianos" que se habían "reunido" de nuevo en la casa de Caifás para el llamado "juicio" de Jesús (Mateo 26,57). Finalmente, después de la muerte de Jesús, los "sumos sacerdotes y los fariseos" se "reunieron" ante Pilatos (Mateo 27,62). En todo esto puede haber una alusión implícita a la versión griega del Salmo 2 donde los reyes y gobernantes malvados son "reunidos" (*synēchthēsan*) contra el "ungido" del Señor (Salmo 2,2).

La matanza de los inocentes

La oscuridad de la Pasión se prefigura aún más en la escena que sigue a la visita de los reyes magos. Cuando éstos son advertidos en un sueño sobre los malvados designios de Herodes se van sin informarle del paradero del Mesías. Leemos:

> Entonces Herodes, al ver que había sido burlado por los magos, se enfureció terriblemente y envió a matar a todos los niños de Belén y de toda su comarca, de dos años para abajo, según el tiempo que había precisado por los magos. (Mateo 2,16)

Hay que decir algunas cosas al respecto.

Primero, contrariamente a lo que vemos en la mayoría de los belenes, los pastores de Lucas y los reyes magos de Mateo aparecen en el lugar de nacimiento de Jesús en *diferentes momentos*. Herodes busca matar a los niños a partir de los dos

---

28 Brown, *Birth of the Messiah*, 174–75.

años de edad y menores, lo que podría sugerir que sabe que el niño Jesús no es un recién nacido. Mientras que se dice que los pastores de Lucas llegan al pesebre en la noche del nacimiento de Jesús, en el de Mateo, los reyes magos vienen después de ver la estrella que anuncia el nacimiento de Jesús y viajan desde cierta distancia. Tal vez sea significativo que Jesús sea llamado un "niño" "*brephos*" (Lucas 2,12) cuando los pastores lo visitan en la historia de Lucas pero que en el relato de los reyes magos en Mateo, se usa una palabra diferente para él "*paidion*" (Mateo 2,8–9, 11), un término en griego que puede referirse a un niño de ocho días de nacido a siete años de edad.[29] En Mateo repetidamente se le llama "niño".

En segundo lugar, el relato de los magos recuerda la historia de Moisés. De varias maneras el Evangelio de Mateo presenta a Jesús como una especie de "nuevo Moisés".[30] Cuando el faraón masacró a los niños varones hebreos en la tierra de Egipto en el momento del nacimiento de Moisés (Éxodo 1,15–21), Herodes mata a los niños en Belén (Mateo 2,16). Cuando el niño Moisés encontró seguridad en Egipto (Éxodo 2,1–10), la Sagrada Familia encuentra refugio allí (Mateo 2,13–15). Así como Moisés finalmente sale de Egipto (Éxodo 2,15) también lo hace Jesús (Mateo 2,19–21).

Los paralelismos continúan a partir de ahí, en todo esto, Jesús "cumple" las Escrituras. En una obra escrita alrededor del año 180 d.C. el teólogo cristiano primitivo Ireneo utiliza un término importante: *recapitulación*. En Cristo, la historia de Israel es "resumida". Jesús no es sólo el nuevo Moisés sino que también es el nuevo hijo de David, el nuevo Ezequías, y así sucesivamente.

---

29   D. H. Williams, "The Magi and the Star," en *The Oxford Handbook of Christmas*, ed. Timothy Larsen (Oxford: Oxford University Press, 2020), 214.

30   Ver Dale C. Allison, Jr., *The New Moses: A Matthean Typology* (Minneapolis: Fortress Press, 1993).

Belén y el misterio del sufrimiento

Finalmente, la masacre de Herodes de los niños en Belén marca otro hito: la paz completa en la tierra no amanece inmediatamente con el nacimiento de Jesús. En el Evangelio de Mateo Jesús dirá más tarde lo siguiente:

> No penséis que he venido a traer paz a la tierra; no he venido a traer paz, sino la espada. Sí, he venido a enfrentar al hombre con su padre, a la hija con su madre, a la nuera con suegra. (Mateo 10,34–35)

Aquí Jesús se basa en un oráculo que se encuentra en el libro de Miqueas en donde el profeta anuncia que el día de la salvación del Señor será precedido por un período de gran sufrimiento:

> Porque el hijo ultraja al padre,
> la hija se alza contra su madre,
> la nuera contra su suegra,
> y enemigos de cada cual son los de su casa. (Miqueas 7,6)

Jesús traerá paz y salvación pero todos los que lo siguen también serán llamados a sufrir por amor a él. La lealtad que debemos dar a Jesús debe superar la dada a todos los demás, incluidos nuestros padres. La paz en la tierra no se realizará plenamente hasta la Segunda Venida. La Navidad entonces no debe ser simplemente un tiempo de alegría mundana; implica la alegría y la paz de Cristo, que no está disponible separada del sufrimiento. Lucas contiene un recordatorio conmovedor de esto también.

Después del nacimiento de Jesús la Sagrada Familia va a Jerusalén para cumplir con los requisitos de la ley (Lucas 2,22–24). Mientras están allí, un hombre justo llamado Simeón se regocija cuando ve al niño Jesús declarando que él será el que

salve a Israel (Lucas 2,26–35), sin embargo, Simeón también
advierte a María que el sufrimiento le espera diciendo: "una
espada te atravesará el alma" (Lucas 2,35). Los creyentes también tendrán una parte en el sufrimiento de Jesús.

Durante la Navidad recordamos cómo Dios nos dio el
regalo más grande de todos: la salvación en Cristo Jesús.
Amarlo por encima de todas las cosas no siempre nos hará la
vida más fácil. Por un lado, significa alejarse de nuestros caminos pecaminosos, idea que intérpretes como Orígenes encontraron en los dones de los reyes magos, que eran vistos como
instrumentos de su magia oscura. A mediados de la década
de 400, León Magno señalaría que Mateo dice que los reyes
magos regresaron a casa por "otro camino" (Mateo 2,12). Si
bien esto se debió al deseo de los reyes magos de evitar a Herodes que estaba enfurecido porque no habían regresado para
informar del paradero del niño (Mateo 2,16) León Magno
encuentra un significado espiritual adicional en este detalle:
"Era apropiado que ahora, creyendo en Cristo, no caminaran
por los caminos de su antigua forma de vida y se abstuvie-
ran de las andanzas que dejaron atrás al entrar en una nueva
senda".[31] La Navidad es un llamado a una nueva vida que
implica un llamado al arrepentimiento.

Pero seguir a Cristo significa más que simplemente apartarse
del pecado, significa también aprender a abrazar el rechazo
y la cruz del sufrimiento. Como advierte Jesús: "Si alguno
quiere venir en pos de mí, niéguese a sí mismo, tome su cruz y
sígame" (Mateo 16,24), empero, sin esta cruz no puede haber
resurrección del cuerpo. La matanza de los niños inocentes en
Belén nos sirve de recordatorio. La venida del Salvador señala
la redención pero sólo en el otro lado del sufrimiento. Al igual
que María cuyo corazón será traspasado, nosotros también
debemos estar dispuestos a entrar en la Pasión de Jesús.

---

31 León Magno, *Sermon* 34.3, in Williams, "Magi and the Star," 216.

10

"Cristo Nuestro Dios a la Tierra Desciende": La figura histórica de Jesús

Mi canción favorita de Navidad de todos los tiempos es "Let All Mortal Flesh Keep Silence". El himno tiene sus orígenes en la Edad Media cuando se entonaba en latín como canto litúrgico. La letra en inglés escrita por Gerard Moultrie en 1864 no es muy conocida en español, pero varias versiones lo titulan como "Silencio, guardad silencio" y comienza así:

> Silencio, guardad silencio
> En pose de temor y temblor
> Que nada mundano esté en mente
> Porque con bendición en Su mano
> Cristo Nuestro Dios
> A la Tierra descendió
> Para nuestra alabanza demandar.

Las palabras se basan en un versículo que se encuentra en el libro de Habacuc: "Mas Yahveh está en su santo Templo: ¡silencio ante él, tierra entera!" (Habacuc 2,20). El mensaje de la canción es claro: "Cristo nuestro Dios a la tierra desciende" — Dios se ha hecho carne. La respuesta atónita del mundo a este hecho es el silencio y la adoración.

Ahora según algunos escépticos, la historia de la natividad de Jesús es cualquier cosa menos impresionante, lo ven simplemente como una versión recalentada de la mitología pagana insistiendo en que Jesús nunca existió realmente en lo absoluto. ¿Son los informes de los Evangelios puramente mitológicos?

Las afirmaciones de los mitólogos acerca de Jesús

La opinión de que Jesús no era una persona real y que los relatos de los Evangelios sobre él son simplemente adaptaciones de historias míticas paganas a veces se ha llamado "mítico de Jesús" que tiene raíces en la antigüedad. El escritor anticristiano Celso intentó desestimar el cristianismo señalando paralelismos entre él y otras religiones.[1] Si bien se necesitaría un libro entero para refutar todas las afirmaciones hechas por los mitólogos de manera efectiva vale la pena responder a algunas de ellas.

¿La historia del Evangelio como mitología?

Un defensor reciente del enfoque mitólogo de los Evangelios es D. M. Murdoch cuyo libro más conocido "*The Christ Conspiracy*" fue escrito originalmente bajo el seudónimo de "Acharya S."[2] ("Acharya" significa "gurú" o "maestro"). Esencialmente, Murdoch argumenta que las historias sobre la vida y muerte de Jesús en los Evangelios simplemente fueron tomadas de mitos sobre dioses paganos, por ejemplo,

---

1　Orígenes, *Against Celsus*, 2.55–56.
2　Acharya S., *The Christ Conspiracy: The Greatest Story Ever Told* (Kempton, IL: Adventures Unlimited, 1999).

Murdoch dice que el dios griego Dionisio nació de una virgen el 25 de diciembre y fue puesto en un pesebre; también se nos dice que fue considerado "el Hijo Unigénito" y el "Ungido"; afirma que el término "Evangelio" originalmente significaba "El hechizo de Dios", una alusión a "la magia, la hipnosis y el engaño".[3] Al final, según ella, el cristianismo surgió de la adoración pagana al sol.

Las afirmaciones de Murdoch son extravagantes y su investigación ha sido rotundamente desestimada por académicos acreditados. Incluso Bart Ehrman, ampliamente conocido como un escéptico, descarta el trabajo de mitólogos como Murdoch como fatalmente defectuoso. De su trabajo escribe: "Si ella es seria, es difícil creer que alguna vez se haya encontrado con algo parecido a la erudición histórica".[4]

Problemas con los enfoques miticistas

Aquí podemos hablar ampliamente de tres grandes problemas en el trabajo de miticistas como Murdoch. Primero, muchas de las afirmaciones hechas por los miticistas son rotundamente falsas. Contrariamente a lo que dice Murdoch no hay relatos antiguos del nacimiento de Dionisio que indiquen que fue acostado en un pesebre cuando era niño. Su afirmación de que la palabra "Evangelio" originalmente tenía una conexión con la magia es absurda, como explicamos anteriormente, proviene de la palabra griega que significa "buenas nuevas" (*euangelion*). Esto es de esperar en las obras de los miticistas sus afirmaciones no pueden estar respaldadas por fuentes antiguas confiables.

---

3   Ibídem., 45.
4   Bart D. Ehrman, *Did Jesus Exist?: The Historical Argument for Jesus of Nazareth* (New York: HarperOne, 2012), 21.

En segundo lugar, aunque algunas mitologías antiguas tienen paralelismos con los relatos del Nuevo Testamento, los miticistas ignoran el hecho de que ciertas historias paganas sobre dioses antiguos son *posteriores* al Nuevo Testamento. En otras palabras, existe una fuerte evidencia de que a medida que el cristianismo crecía en popularidad, las historias sobre los dioses se volvieron a contar para que se parecieran más a Jesús, en tal caso, en lugar de pensar que los escritores de los Evangelios copiaron todo lo que relataron las mitologías paganas, hay razones para pensar que a menudo ocurría lo contrario, en cambio, los miticistas como Murdoch muestran poca conciencia de esto.

En tercer lugar, si bien existen similitudes entre los relatos de los Evangelios y las historias sobre otros dioses, quedan marcadas diferencias que los miticistas convenientemente nunca mencionan. Por ejemplo, mientras que personajes como Dionisio fueron identificados como descendientes de los dioses, los relatos de cómo fueron concebidos son sorprendentemente *diferentes* a los que se encuentran en los relatos del nacimiento de Jesús en el Nuevo Testamento. Los paralelos fallan *precisamente* en el punto más crucial: a diferencia de las historias sobre los dioses, la concepción de Jesús de María es virginal, y no implica ningún acto físico que provoque el embarazo.

Jesús en la memoria histórica

La afirmación de que las descripciones de Jesús en el Nuevo Testamento no tienen base en la historia es simplemente infundada. Hay pruebas contundentes de que Jesús realmente fue una persona histórica real,[5] siendo evidente que los evangelios incluyen material histórico.

---

5   Vea mi método histórico y conclusiones en Michael Patrick Barber, "Did Jesus Anticipate Suffering a Violent Death? The Implications of Memory Research and Dale C. Allison's Methodology," *Journal for the Study of the Historical Jesus* 18, no. 3 (2020): 191–219.

Jesús en fuentes antiguas

Primero, las referencias a Jesús aparecen fuera de la Biblia. El historiador judío del siglo I, Josefo, menciona a Jesús sin dar indicios de que dude de su existencia histórica. Los eruditos sospechan que algunos aspectos de su informe probablemente fueron agregados por copistas cristianos posteriores. Sin embargo, es probable que Josefo haya hablado de Jesús. Los eruditos están de acuerdo en que dijo algo como lo siguiente:

> En este momento apareció Jesús, un hombre sabio. Porque fue un autor de hechos asombrosos, un maestro de personas que recibe la verdad con placer. Y ganó seguidores tanto entre muchos judíos como entre muchos de origen griego. Y cuando Pilato, a causa de una acusación hecha por los principales entre nosotros lo condenó a la cruz, los que lo habían amado anteriormente no dejaron de hacerlo. Y hasta el día de hoy, la tribu de cristianos (que lleva su nombre) no se ha extinguido.[6]

Que Josefo sabía de Jesús se confirma por el hecho de que en otra parte habla de Santiago, "el hermano de Jesús, llamado el Cristo".[7]

Jesús también es mencionado por el historiador romano Tácito (117 D.C.) quien dice de los cristianos: "Su nombre proviene de Cristo, quien durante el reinado de Tiberio había sido ejecutado por el procurador Poncio Pilato".[8] Algunos también creen que el escritor romano Suetonio se refiere a Cristo de una manera confusa cuando habla de la controversia

---

6   Josefo, *Antiquities of the Jews* 18.63–64, en *A Marginal Jew: Rethinking the Historical Jesus*, vol. 1, *The Roots of the Problem and the Person*, by John P. Meier (New York: Doubleday, 1991), 61.

7   *Antiquities of the Jews* 20.20.

8   Meier, *Marginal Jew*, 1:89–90.

en Roma sobre un hombre llamado "Cresto",[9] aunque esto es incierto. Independientemente de lo que hagamos con la línea de Suetonio el punto permanece: los escritores antiguos pensaban que Jesús realmente existió.

El Nuevo Testamento

La afirmación de que los evangelios del Nuevo Testamento no contienen nada más que mitología pura también debe ignorar las características de éstos que sugieren lo contrario. Por ejemplo, el prólogo del Evangelio de Lucas enfatiza especialmente la naturaleza histórica de su contenido:

> Puesto que muchos han intentado narrar ordenadamente las cosas que se han verificado entre nosotros, tal como nos las han transmitido los que desde el principio fueron testigos oculares y servidores de la Palabra, he decidido yo también, después de haber investigado diligentemente todo desde los orígenes, escribírtelo por su orden, ilustre Teófilo, para que conozcas la solidez de las enseñanzas que has recibido. (Lucas 1,1–4)

La historia de San Lucas se nos presenta como una narración de cosas que han sido reportadas por testigos presenciales y no como un relato mitológico.

El Evangelio de San Juan también dice que se basa en el testimonio de testigos presenciales. Después de describir la muerte de Jesús, el evangelista escribe:

> El que lo vio lo atestigua y su testimonio es válido, y él sabe que dice la verdad, para que también vosotros creáis. (Juan 19,35)

---

9   Suetonio, *Lives of the Caesars, Claudius* 5.25.4 (A.D. 121).

Además, el Evangelio se cierra con palabras que indican que fue escrito por alguien que había sido testigo del ministerio de Jesús:

> *Este es el discípulo que da testimonio de estas cosas y que las ha escrito,* y nosotros sabemos que su testimonio es verdadero. (Juan 21,24)

Los primeros creyentes entendieron que sus creencias acerca de Jesús les llegaban a través de aquellos que habían visto y oído a Jesús personalmente.

Los discípulos de Jesús como testigos

También sabemos que los primeros seguidores de Jesús tuvieron contacto con los discípulos originales de Jesús. En las cartas de Pablo, que los eruditos generalmente ven como los primeros escritos del Nuevo Testamento, aprendemos que Pablo conocía a apóstoles como Pedro, quienes eran muy respetados en la Iglesia primitiva. Pablo dice que Pedro, Santiago y Juan "tenían fama de columnas" (Gálatas 2,9).

Prácticamente todos los eruditos están de acuerdo en que Jesús fue un maestro que tuvo discípulos. La palabra griega "discípulo" significa esencialmente "estudiante". Se habría esperado que los estudiantes antiguos recordaran las palabras de su maestro, por ejemplo, se dice que un antiguo maestro reprendió a un estudiante que perdió sus notas, recordándole: "Deberías haberlas escrito...en tu mente en lugar de en papel".[10] Si bien esa cita proviene de un contexto grecorromano hay buenas razones para pensar que también se esperaba

---

10 Diógenes, *Lives of Eminent Philosophers* 6.1.5, trad. R. D. Hicks, Loeb Classical Library 185 (Cambridge, MA: Harvard University Press, 1925).

que los estudiantes de los rabinos judíos recordaran el mensaje básico de su maestro.[11] Si Jesús fuera un rabino, como prácticamente todos los eruditos están de acuerdo, entonces habría tenido estudiantes interesados en recordar lo que tenía que decir.

Además, nuestras fuentes informan que Jesús reclutó a sus discípulos para difundir su mensaje incluso mientras estaba vivo (ver, por ejemplo, Marcos 6,7–13; Mateo 10,1–7; Lucas 9,1–2). Pablo también atestigua que Jesús envió seguidores a predicar (cfr. 1 Corintios 9,14). Por lo tanto, el erudito del Nuevo Testamento Dale Allison concluye: "Es plausible que algunas personas ya estuvieran enseñando, lo que significa en efecto ensayando partes de la tradición de Jesús antes de que su líder se fuera".[12] Todo esto significa que hubo testigos de las enseñanzas de Jesús desde muy temprano que habrían estado preparados para compartir su mensaje. Entonces Jesús no era un mito. Lo que le sucedió a Jesús en la historia les importaba a los primeros cristianos, Pablo parece asumir que sus oyentes ya han oído hablar de la vida de Jesús. En 1 Corintios parece evidente que espera que los creyentes sepan lo que le había sucedido:

Porque yo recibí del Señor lo que os he transmitido: que el Señor Jesús, la noche en que fue entregado, tomó pan, y después de dar gracias, lo partió y dijo: "Este es mi cuerpo que se da por vosotros; haced esto en recuerdo mío". (1 Corintios 11,23–24)

Los eruditos señalan rutinariamente que cuando Pablo habla de "transmitir" lo que le sucedió a Jesús, usa terminología

---

11   Craig S. Keener, *Christobiography: Memories, History, and the Reliability of the Gospels* (Grand Rapids, MI: Eerdmans, 2019), 428–48.

12   Dale C. Allison, Jr., *Constructing Jesus: Memory, Imagination, and History* (Grand Rapids, MI: Baker Academic, 2010), 26.

técnica para transmitir tradiciones (cfr. 1 Corintios 11,23 con 1 Corintios 11,2; 15,3).[13] En resumen, la historia de Jesús era cualquier cosa menos ficción para Pablo, estaba anclada en la historia.

Los evangelios y la historia

La noción de que los relatos de los Evangelios son puramente mitológicos no es convincente por otra razón: no están escritos en el estilo que se usaba generalmente para contar historias mitológicas. No podemos considerar todos los aspectos de las narrativas del Evangelio de manera detallada, sin embargo, es importante considerar la cuestión más amplia del género de los Evangelios y la forma en que las Escrituras de Israel los han influenciado.

El género de los Evangelios

Cualquiera que ponga un pie dentro de una librería queda inmediatamente impresionado por los muchos tipos de libros disponibles. Los pasillos están dedicados a temas como historia, ciencia ficción y superación personal. En la antigüedad, también existía la conciencia de que los autores podían escribir diferentes tipos o géneros de obras. En general, los escritores antiguos distinguieron entre tres categorías principales: historia (griego: *historia*), ficción (griego: *plasma*) y mito (griego: *mythos*). La historia, como lo expresó un escritor antiguo, se refirió a "cosas verdaderas que realmente sucedieron".[14] En

---

13   Joseph A. Fitzmyer, *First Corinthians*: Anchor Yale Bible 32 (New Haven, CT: Yale University Press, 2008), 436.
14   Asclepiades in Sextus Empiricus, *Against the Grammarians* 1.263.

esto, la historia se diferencia de las otras dos categorías litera-
rias; la ficción se refería a hechos *que no* sucedieron, y el mito
se refería a cosas *que no podían* suceder. El mito relata cosas
que "son falsas", como que Ulises se convirtió en un caballo.[15]

Esto plantea una pregunta importante: cuando los lectores
antiguos tomaron los Evangelios, ¿a qué categoría de literatura
fueron asignados? Estudios recientes han demostrado que los
lectores los habrían visto como antiguas biografías grecorromanas, un género al que los escritores antiguos se refieren con
el término griego *bioi*.[16]

Los géneros por supuesto siempre deben considerarse algo
fluidos. Los autores dan su propio giro a los medios que eligen utilizar. Algunos biógrafos antiguos estaban más interesados en la precisión que otros, algunos incluirían elementos
más fantasiosos que otros. De hecho, la veracidad histórica
no fue siempre el primer propósito de los biógrafos. Se escri-
bieron biografías para ensalzar a sus sujetos. Si ciertos hechos
no encajaban en sus agendas, los escritores antiguos podrían
excluirlos o incluso cambiarlos.[17] A pesar de todo esto, generalmente se entendía que las biografías grecorromanas antiguas
se centraban en personajes históricos. Como dice el erudito
del Nuevo Testamento David Aune, el género de *bioi* estaba
"firmemente arraigado en hechos históricos más que en ficción
literaria".[18]

El hecho de que los escritores de los Evangelios eligieran
escribir obras que parezcan biografías grecorromanas socava
gravemente la teoría de que simplemente deberían leerse como
relatos puramente mitológicos. Aune escribe:

---

15 Ibid.; Quintilian, *Orator's Education* 2.4.2.
16 Richard Burridge, *What Are the Gospels?: A Comparison with Graeco-Roman Biography*,
Second Edition (Grand Rapids, MI: Eerdmans, 2004).
17 Ver especialmente a Helen K. Bond, *The First Biography of Jesus: Genre and Meaning in
Mark's Gospel* (Grand Rapids, MI: Eerdmans, 2020), 66–71.
18 David E. Aune, "Greco-Roman Biography," in *Greco-Roman Literature and the New Testament: Selected Forms and Genres*, ed. David E. Aune (Atlanta: Scholars Press, 1988), 125.

Si bien los evangelistas claramente tenían una agenda teológica importante, el mismo hecho de que eligieron adaptar las convenciones biográficas grecorromanas para contar la historia de Jesús indica que estaban muy interesados en comunicar lo que pensaban que realmente sucedió.[19]

Como hemos visto, características como el prólogo de Lucas indican que los escritores de los Evangelios no pensaron que estaban escribiendo sobre una figura no histórica.

Es necesario hacer algunas advertencias aquí. Por un lado, los biógrafos antiguos no tenían los mismos estándares que los historiadores modernos. Los autores antiguos no solían tener transcripciones de los discursos de sus sujetos, por lo tanto, no se esperaba que los escritores dieran cuentas textuales de lo que habían dicho, se creía que era suficiente preservar la "sustancia" de lo dicho. Además, las biografías antiguas a menudo relatan eventos fuera de secuencia histórica. Se permitió una cierta "elasticidad narrativa". Además, no se esperaba que las biografías fueran completas, por ejemplo, los biógrafos antiguos no siempre sintieron la necesidad de contarles a sus lectores sobre el nacimiento y la infancia de sus sujetos.

Las variaciones que encontramos en los relatos de la vida y muerte de Jesús en los Evangelios encajan ampliamente dentro de los parámetros esperados de las biografías antiguas. En San Marcos y San Juan no se dice nada sobre el nacimiento de Jesús lo cual no es ninguna sorpresa, ya que las biografías antiguas no siempre incluían ese material. Las historias del Evangelio también a menudo difieren en detalles específicos, en San Mateo, no hay relato de la Sagrada Familia viajando a Belén, mientras que en San Lucas van allí debido a un censo. San Mateo habla de los reyes magos, mientras que la narración de la infancia en San Lucas se centra en los pastores y así sucesivamente.

---

19   Ibid.

No siempre está claro cómo encajan los detalles de las diferentes narrativas del Evangelio. Empero, concluir de tales dificultades que toda la historia de Jesús es ficticia va demasiado lejos. Los primeros creyentes no pensaban que Jesús fuera un mito. En 2 Pedro, se nos dice: "Os hemos dado a conocer el poder y la Venida de nuestro Señor Jesucristo, no siguiendo *fábulas* ingeniosas, [en griego *mythois*] sino después de haber visto con nuestros propios ojos su majestad". (2 Pe 1,16).

¿Inventar el "cumplimiento"?

Algunos hacen la acusación específica de que los relatos del nacimiento de Jesús en el Nuevo Testamento deben verse como invenciones totales porque describen a Jesús cumpliendo las Escrituras. ¿Por qué se representa a María como la madre virgen de Jesús? Según algunos, la historia se inventó para mostrar que Jesús cumple la profecía del Immanuel de Isaías. Se dice que San Mateo y San Lucas tuvieron que inventar una historia que mostrara que había sido concebido por una "virgen" siendo esto es poco convincente.

Por un lado, si bien la profecía del Immanuel de Isaías podría estar relacionada con las esperanzas mesiánicas, no hay evidencia de que los judíos pensaran que necesariamente significaba que el mesías tenía que nacer de una virgen. Mateo y Lucas no tuvieron que inventar la historia de un nacimiento virginal para probar que Jesús es el Mesías. Los escritores del Nuevo Testamento como Pablo ni siquiera mencionan su nacimiento virginal.

Otros aspectos de los relatos evangélicos del nacimiento de Jesús también apuntan a la idea de que fueron hechos enteramente sobre la base de las profecías del Antiguo Testamento. Cuando Mateo dice que ciertos aspectos de la historia de Jesús ocurrieron para "cumplir" las Escrituras, no parece que él haya creado su narrativa para encajar con los pasajes del Antiguo Testamento que cita. El relato de Mateo sobre la masacre de infantes de Herodes en Belén es un buen ejemplo. Al relatar el episodio cita las Escrituras:

> Entonces se cumplió el oráculo del profeta Jeremías: "Un clamor se ha oído en Ramá, mucho llanto y lamento: es Raquel que llora a sus hijos, y no quiere consolarse, porque ya no existen." (Mateo 2,17–18, citando a Jeremías 31,15)

En contexto, el pasaje que cita Mateo *no tiene nada que ver con el Mesías*. Más bien, describe el exilio de los judíos a Babilonia, que tuvo lugar en el 587 a.C. La perspectiva de Mateo, como hemos visto, es que la historia de Israel está "resumida" en la vida de Jesús. Su narrativa ciertamente está moldeada por las Escrituras de Israel y no tuvo que contar una historia de niños sacrificados en Belén para demostrar que la profecía de Jeremías se había "cumplido".

No debemos adoptar una postura fundamentalista e insistir en que los escritores de los Evangelios se vieron a sí mismos registrando eventos como los historiadores modernos los informan. Como hemos visto, los biógrafos antiguos tenían estándares diferentes a los de los historiadores modernos. Sin embargo, insistir en que la historia de Jesús es totalmente mitológica también es injustificado.

La palabra se hizo carne

En la antigua fórmula conocida como el Credo de los Apóstoles, los cristianos han afirmado durante mucho tiempo su convicción de que Jesucristo "sufrió bajo el poder de Poncio Pilato". Al principio puede parecer extraño que de todas las personas Pilato aparezca en este antiguo resumen de la fe de la

Iglesia, Pedro nunca se menciona, tampoco hay ninguna referencia a Pablo. Entonces ¿cómo califica Poncio Pilato como digno del Credo?

La Iglesia incluye a Pilato en el Credo por la misma razón por la que Mateo y Lucas mencionan que Jesús nació durante los reinados de César Augusto y Herodes; los relatos de los evangelios sobre Jesús se encuentran dentro de la historia. En Cristo, la Iglesia reconoce la venida de "Dios con nosotros". Para la fe cristiana Jesús no es simplemente una metáfora o un símbolo. Se entiende que el mundo no se puede salvar con una mera idea; la salvación se encuentra en una *Persona*.

Además, la realidad de la presencia de Jesús no se entiende solo como en el pasado. La tradición cristiana sostiene que Cristo sigue siendo "Dios con nosotros" en la vida y la adoración de la Iglesia. Este punto lo demuestra la letra de "Silencio, guardad silencio". Las palabras del segundo versículo expresan bellamente la idea de que la celebración eucarística hace presente el misterio de la Encarnación de Cristo:

Rey de reyes más nacido de María
Existiendo desde tiempos de antaño
Señor de señores en vestidura humana
En el cuerpo y la sangre
Él dará a todos los fieles
Así Mismo como alimento celeste.

"Existiendo desde tiempos de antaño" Cristo está ahora presente en "el cuerpo y la sangre" que es nuestro "alimento celestial".

11

"La primera Navidad": Cómo el 25 de diciembre se convirtió en la Navidad

Aunque los orígenes exactos de la canción "The First Nowell" se han perdido es probable que fuera escrita por primera vez en inglés donde el término "Nowell" se deriva de la palabra francesa *Noël* (Navidad), usada en algunos títulos por lo que el significado es el mismo: el nacimiento de Cristo es "la primera Navidad".

Como hemos visto el nacimiento de Jesús *no* es la "primera Navidad". "Navidad" — "Misa de Cristo" — se refiere a *la celebración de la natividad de Jesús* donde en la tradición cristiana se entiende que en la conmemoración de la Navidad en la Iglesia se hace presente una vez más el misterio del nacimiento de Cristo.

Pero, ¿cuándo nació Jesús?

Los primeros cristianos no transmitieron una tradición unánime sobre cuándo tuvo lugar la natividad de Jesús. La primera fuente que da posibles fechas para su nacimiento es Clemente de Alejandría (150–215 d.C.) quien usa el antiguo calendario egipcio. Aunque él mismo no toma posición al respecto, enumera varias fechas que ha escuchado sugeridas por otros.[1] Significativamente no indica que nadie creyera que Jesús nació el día equivalente al 25 de diciembre.

Una de las fechas que menciona Clemente se puede traducir al 6 de enero,[2] sin embargo, no dice que la gente pensara que Jesús nació en este día, más bien informa que un grupo de herejes celebró el bautismo de Jesús el 6 de enero creyendo que su natalicio era también en esa fecha lo cual está lejos de ser seguro.

De cualquier manera, que Clemente mencione el 6 de enero es notable. Sabemos que algunos cristianos llegaron a ver este día como el aniversario del nacimiento de Jesús. Egeria, una peregrina que visitó Jerusalén en los años 300, informa que los cristianos de Jerusalén estaban honrando la natividad en su día.[3] En particular, Epifanio, un obispo de Chipre, también asigna el nacimiento de Jesús a este día a finales de los años 300.[4] La Iglesia Ortodoxa Armenia todavía la marca como la fiesta del nacimiento de Jesús.

Vale la pena señalar aquí que los cristianos ortodoxos orientales celebran la Navidad el 7 de enero debido a que siguen el antiguo calendario juliano (llamado así por Julio César). El calendario juliano estuvo en uso desde el 46 a.C. hasta la década de 1500, cuando el Papa Gregorio XVI introdujo un nuevo calendario, el "calendario gregoriano", que usa un sistema más preciso de años bisiestos. Hoy en día, prácticamente todos los países utilizan el calendario gregoriano, sin embargo, muchos grupos religiosos no católicos todavía marcan los días santos utilizando el antiguo calendario juliano. Los cristianos ortodoxos orientales, por lo tanto, todavía celebran la Navidad el "25 de diciembre", pero es el 25 de diciembre del antiguo

---

1   Clemente de Alejandría, *Stromateis* 1.21.
2   Véase Susan K. Roll, *Toward the Origins of Christmas* (Kampen, Netherlands: Kok Pharos Publishing House, 1995), 77–79.
3   Egeria, *Pilgrimage* 25–26.
4   Epifanio, *Panarion* 51.24.1.

calendario juliano, que corresponde a nuestro 7 de enero en
el calendario gregoriano.

Entonces ¿cómo se convirtió el 25 de diciembre en la Navidad? Algunos creen que se puede deducir de los detalles de la
narrativa de Lucas. Otros creen que fue en respuesta a una
fiesta pagana. Otros creen que el 25 de diciembre llegó a ser
la fiesta de la Natividad debido a los primeros cálculos cronológicos cristianos. Aquí consideraremos la evidencia.

La época del nacimiento de Jesús
en el Evangelio de Lucas

Algunas personas argumentan que podemos calcular o deducir la época del año en que nació Jesús analizando los detalles
de los relatos del Nuevo Testamento. Dos elementos en el
Evangelio de Lucas a menudo se señalan como significativos:
(1) el hecho de que los pastores estaban en el campo en la
noche de la natividad (Lucas 2,8) y (2) los detalles que rodean
el anuncio de Gabriel a Zacarías acerca del nacimiento de
Juan el Bautista, el cual Lucas ubica seis meses antes de la
Anunciación a María (Lucas 1,24, 26, 36).

Los pastores en el campo

Muchos han insistido en que dado que Lucas tiene pastores
en el campo la noche del nacimiento de Jesús (Lucas 2,8),
Cristo no pudo haber nacido en el invierno. Esta afirmación
se basa en pruebas de fuentes judías posteriores que sitúan el
período de pastoreo de las ovejas entre abril y noviembre,[5] sin
embargo, dado que estas fuentes están fechadas siglos después

---

5   Babylonian Talmud Betzah 40a; Jerusalem Talmud, Betzah 63b.

de la época de Jesús, su confiabilidad histórica en tales asuntos es cuestionable. Además, un informe anterior de la Mishná, una fuente del siglo II, parece apuntar en una dirección diferente. Implica que los corderos pascuales pastaban en febrero, uno de los meses más fríos del año.[6] Si ese es el caso, no hay razón para pensar que los pastores no pudieron haber estado en el campo en el invierno (aunque no debemos concluir que los pastores en Lucas estaban necesariamente cuidando los corderos sacrificados en la Pascua). Además, no podemos descartar la posibilidad de un invierno inusualmente cálido. En igualdad de condiciones, el relato de la ubicación de los pastores parece hacer menos probable una fecha de invierno. Aun así, no debemos depender demasiado de este detalle.

Cálculos basados en el supuesto sumo sacerdocio de Zacarías

Algunos escritores antiguos intentaron probar que el 25 de diciembre era la fecha correcta del nacimiento de Jesús basándose en la idea de que Gabriel se le apareció a Zacarías en la fiesta del Día de la Expiación. El primer defensor de esta posición parece ser Juan Crisóstomo, quien predicó una homilía en la fecha de Navidad del 386 d.C.[7] Según Crisóstomo, Zacarías era el sumo sacerdote cuando se le apareció Gabriel, estaba realizando los ritos del templo del Día de la Expiación. Dado que esta fiesta tiene lugar en el otoño, Crisóstomo colocó el escenario de la anunciación a Zacarías en septiembre. Lucas nos informa que el anuncio de Gabriel a María tuvo lugar seis meses después (Lucas 1,24, 26, 36). Esto, argumenta

---

6 Mishnah Sheqalim 7.4.
7 La homilía de Navidad de Juan Crisóstomo se puede encontrar en *Patrologia Graeca* 49:351–62.

Crisóstomo, significa que María debe haber concebido a Jesús en marzo y, por lo tanto, dio a luz en diciembre, nueve meses después. Sin embargo, el argumento de Crisóstomo se basa en una suposición errónea. Como hemos visto, Zacarías no era el sumo sacerdote y en el relato de Lucas no se dice que la visita de Gabriel a él hubiera sido el Día de la Expiación, en cambio, dice que Zacarías simplemente está realizando los ritos de la ofrenda diaria de *Tamid*.

Aquí podemos detectar la influencia de la obra popular conocida como el *Protoevangelio de Santiago*, escrito a finales de los años 100, que convierte a Zacarías en el sumo sacerdote. La representación de Zacarías sirviendo en el templo en el momento del Día de la Expiación no debe verse como un reflejo de la antigua memoria cristiana sobre el momento de los nacimientos de Juan y Jesús. Más bien, su descripción es el resultado de una mala interpretación de la narrativa de Lucas.

Cálculos basados en el servicio sacerdotal de Zacarías

Antes de continuar también se debe mencionar otro intento de calcular el momento del nacimiento de Jesús a partir de Lucas. Escritores más recientes han argumentado que podemos determinar la época del año en que Zacarías tuvo su encuentro con Gabriel enfocándonos en el hecho de que se dice que Zacarías es de la línea sacerdotal de Abías (Lucas 1,5). El escritor alemán Josef Heinrich Friedlieb, por ejemplo, argumentó en 1887 que la línea de Abías sirvió en el templo en septiembre.[8] Siguiendo los eventos en la cronología de Lucas como lo hizo Crisóstomo, él argumentó que esto pondría la concepción de

---

8   Josef Heinrich Friedlieb, *Leben J. Christi des Erlösers* (Münster: Druck und Verlag von Ferdinand Schöningh, 1887), 312.

Jesús en marzo y su nacimiento en diciembre. El problema aquí es que desde un comienzo el argumento falla: el caso que presenta Friedlieb de que la división sacerdotal de Zacarías sirvió en el templo en septiembre está repleto de problemas, quienes lo siguen simplemente ignoran los problemas que socavan su argumento.

Primero, propuestas como la de Friedlieb se basan en obras judías posteriores como el Talmud de Babilonia que contiene errores sobre la práctica judía del primer siglo. Es cierto que los Manuscritos del Mar Muerto, que datan de la época de Jesús, también mencionan los cursos sacerdotales.[9] Sin embargo, los datos que brindan son insuficientes para reconstruir lo que sucedía año tras año en el templo de Jerusalén.

En segundo lugar, incluso si *pudiéramos* reconstruir los ciclos de los cursos sacerdotales en el siglo I, no podemos suponer que transcurrieron sin interrupciones o variaciones. Los judíos antiguos tuvieron que lidiar con el problema de la "intercalación", es decir, tuvieron que reconciliar el año solar de 365 días con el calendario lunar de 354 días. No tenían nuestro sistema regular de "años bisiestos". Los rabinos del siglo II nos dicen que las autoridades, en ocasiones, agregaban un mes extra al calendario,[10] pero no sabemos cómo ni cuándo ocurrió esto.[11] Basta decir que este es un problema *masivo* que afecta a todo el asunto que estamos discutiendo aquí. Lo que "debería" haber sido una fecha determinada según el ciclo de la luna puede que no lo haya sido. Por lo tanto, no tenemos forma de saber cómo rotaron las divisiones sacerdotales en un año determinado. En resumen, no podemos determinar cuándo estaba Zacarías sirviendo en el templo basándonos en la narrativa de Lucas.

---

9   4QCalendrical Document A.
10   Mishnah Eduyyot 7.7.
11   Stéphane Saulnier, *Calendrical Variations in Second Temple Judaism: New Perspectives on the "Date of the Last Supper" Debate* (Leiden: Brill, 2012), 274.

Entonces ¿cómo eligieron los cristianos el 25 de diciembre como la fiesta del nacimiento de Jesús? Los eruditos generalmente han adoptado uno de estos dos enfoques: (1) la Teoría de la Historia de las Religiones, que básicamente sostiene que el 25 de diciembre fue elegido para contrarrestar un día santo pagano y (2) la Teoría del Cálculo, que sostiene que la fecha surgió de un complejo proceso de cálculos cristianos. Primero consideraremos la teoría de la historia de las religiones antes de centrar nuestra atención en cómo los primeros cristianos intentaron calcular el momento del nacimiento de Jesús.

La Navidad y el paganismo

¿Fue primero el 25 de diciembre una fiesta pagana? Para algunos esta noción parecería desacreditar al cristianismo. Aquí consideraremos las versiones estándar de la Teoría de la Historia de las Religiones sobre los orígenes de la Navidad.

Santificando la cultura pagana

En el último capítulo examinamos las afirmaciones de los miticistas que creen que Jesús no es una figura histórica. Muchos de ellos presentan una versión de la Teoría de la Historia de las Religiones con respecto al 25 de diciembre. Según ellos, se dice que Jesús nació este día porque otros dioses nacieron en este día. En sus mentes, la elección de marcar la natividad de Jesús el 25 de diciembre de alguna manera prueba que Jesús nunca fue una figura histórica, sin embargo, su lógica no sigue.

La evidencia histórica de la existencia de Jesús es anterior a la fuente más antigua que identificó el 25 de diciembre como el nacimiento de Jesús. Independientemente de las asociaciones que tuviera para los paganos, la decisión posterior de honrar el nacimiento de Jesús en esta fecha no puede de alguna manera ser utilizada como prueba contra la existencia histórica de Jesús.

Desde el punto de vista de la fe cristiana no habría nada intrínsecamente objetable en elegir recordar el nacimiento de Cristo en un día importante para los paganos. El Antiguo Testamento usa nombres para el Dios de Israel, por ejemplo, "El" (Job 36,26; Salmo 102,25), que originalmente se usaban para los dioses paganos.[12] Al usar estos nombres divinos, la Biblia no respalda el paganismo. En cambio, al usar tales denominaciones para el Señor, las Escrituras hacen una declaración profunda: el Dios de Israel es el único Creador al que están sujetos todos los demás supuestos dioses, a veces descritos como demonios (Deuteronomio 32,17).

También se pueden encontrar otros tipos de adaptaciones culturales similares en la tradición cristiana posterior. Por ejemplo, los cristianos llegaron a usar los anillos de boda como símbolos sacramentales, esta práctica no parece haber sido generalizada en el antiguo Israel, sino que parece derivar de la cultura grecorromana. Para los cristianos los anillos en los dedos se convirtieron en una señal del compromiso de una pareja entre sí en Cristo.[13] Ahora, ciertamente no fue un respaldo al paganismo.

Según Justino Mártir se encontraron "semillas de la verdad" en los escritores paganos. Si bien no "comprendieron su significado exacto" estos escritores señalaron la verdad del Evangelio.[14] Asimismo, John Henry Newman, el gran teólogo

---

12 Véase a John Day, *YHWH and the Gods and Goddesses of Canaan*, Journal for the Study of the Old Testament Supplement Series 265 (Sheffield: Sheffield Academic Press, 2002).

13 Tertuliano, *Apology* 6.3; Susan Treggiari, *Roman Marriage: Iusti Coniuges from the Time of Cicero to the Time of Ulpian* (Oxford: Clarendon Press, 1991), 148–50.

14 Justino Mártir, *First Apology* 44.

y erudito de finales de 1800 habla de cómo la Iglesia ha "santificado" elementos de la cultura pagana:

> Incienso, lámparas y velas; ofrendas votivas para la recuperación de una enfermedad; agua bendita; asilos; días y temporadas santas, uso de calendarios, procesiones, bendiciones en los campos; vestiduras sacerdotales, la tonsura, el anillo en el matrimonio... son todos de origen pagano y santificados por su adopción dentro de la Iglesia.[15]

Newman continuaría insistiendo en que los elementos adaptados de las culturas paganas deben purificarse, no deben abrazarse sin discriminación. La adaptación de prácticas o costumbres paganas, sin embargo, no es en sí misma ajena a la tradición cristiana. La "inculturación" del Evangelio ha sido reconocida durante mucho tiempo como parte de la misión de la Iglesia. Para proclamar el mensaje de Cristo, los misioneros cristianos han apelado a los símbolos y costumbres familiares pero los relatos estándar de la teoría de la historia de las religiones sobre cómo el 25 de diciembre se convirtió en Navidad no son convincentes.

La fiesta romana de las Saturnales y la Navidad

Muchos han situado los orígenes de la Navidad en la fiesta romana de las Saturnales que estaba dedicada al dios Saturno. El festival se asoció con banquetes y alegría, durante la celebración de una semana las normas civiles cambiaban, por ejemplo, los amos servirían a sus esclavos en la mesa. Pero

---

15   John Henry Newman, *An Essay on the Development of Christian Doctrine* (London: James Toovey, 1845), 359–60.

ciertamente fue más allá de la diversión inocente, la fiesta también se asoció con excesos inmorales. El antiguo escritor Macrobius informa, probablemente con cierta exageración, que durante el festival, "se permite todo tipo de licencia a los esclavos"[16]

Pero el problema de identificar a las Saturnales como el origen de la Navidad es que sus fechas no coinciden. Las Saturnales se desarrollaban desde el 17 de diciembre hasta el 23 de diciembre, ¡*no* el 25 de diciembre! La celebración de las Saturnales, por lo tanto, no puede explicar cómo el 25 de diciembre se convirtió en la fiesta de la natividad de Cristo.

La fiesta del sol invicto

Un segundo enfoque de Historia de las Religiones se enfoca específicamente en el 25 de diciembre, según esta explicación, el día fue elegido para marcar el nacimiento de Jesús porque los romanos adoraban a un dios sol en esta fecha. Se dice que el emperador romano Aureliano promovió la adoración de un dios conocido como *Sol Invictus*, el "Sol Invicto", en el 274 d.C. Cuenta la historia que Aureliano hizo del 25 de diciembre "el día del nacimiento del Sol Invicto".

Ahora, los estudiosos cuestionan cada vez más la idea de que los cristianos eligieran celebrar el nacimiento de Jesús debido a la fiesta del *Sol Invictus*; por un lado, la primera fuente histórica que confirma que un dios pagano fue adorado el 25 de diciembre se llama *Cronógrafo*, que fue compilado en 336 d.C. cuya entrada del 25 de diciembre dice: "Cumpleaños de Invictus". "Invictus" es probablemente una referencia al dios sol que celebraban con carreras de carros de guerra en este día.

---

16 *Saturnales*, 1.7.26.

No tenemos pruebas contundentes de que el 25 de diciembre estuviera conectado a un dios del sol hasta el *cronógrafo*, que data mucho después de la muerte de Aureliano en el 275 d.C., de hecho, los estudiosos ahora están demostrando que el caso de la popularidad del dios *Sol Invictus* parece basarse más en la imaginación de escritores de la década de 1800 que en fuentes históricas verificables.[17]

Inauditamente, el *Cronógrafo* también contiene la primera referencia incontestable al hecho de que los cristianos celebraban la Navidad el 25 de diciembre registrando: "El 25 de diciembre, Cristo nace en Belén de Judea",[18] por lo tanto, aunque muchos han asumido que esta fecha fue elegida por primera vez por los adoradores de *Sol Invictus*, no hay prueba de esto. Quizás el 25 de diciembre fue *primero* un día santo cristiano.

Pero ¿cómo y cuándo llegaron los cristianos a esta fecha? Pasamos ahora a la teoría del cálculo.

Antiguos intentos de fechar el nacimiento de Jesús

Los defensores de la teoría del cálculo argumentan que los primeros cristianos decidieron marcar la natividad de Jesús el 25 de diciembre debido a complejas conjeturas cronológicas. Algunos ciertamente hicieron esto existiendo una clara evidencia que apoya esta explicación, empero veremos que esto no tiene un sentido completo de por qué se seleccionó el 25 de diciembre como la fecha de la natividad de Cristo.

---

17 Steven Hijmans, "Usener's *Christmas*," in *Hermann Usener und die Metamorphosen der Philologie*, ed. Michel Espagne y Pascale Rabault-Feuerhahn (Wiesbaden: Harrassowitz, 2011): 139–51.
18 Traducido por Thomas C. Schmidt, "Calculating December 25 as the Birth of Jesus in Hippolytus' *Canon* and *Chronicon*," *Vigiliae Christianae* 69 (2015): 543.

Tradiciones judías sobre los nacimientos de personas bíblicas

A menudo se dice que los primeros cristianos fueron influenciados por una tradición judía que sostenía que las grandes figuras del pasado de Israel murieron el día de su nacimiento que se le llama el punto de vista de la "edad integral". La evidencia de esta tradición se puede encontrar en el Talmud de Babilonia que data alrededor del año 500 d.C. donde se afirma por ejemplo, que Moisés murió en el aniversario de su nacimiento.[19] También informa opiniones sobre el nacimiento y la muerte de Abraham y Jacob.[20] Si bien no están de acuerdo sobre el mes exacto, los rabinos concuerdan en que estos patriarcas nacieron y murieron el mismo mes en que se creó el mundo, aunque nunca se dice que hayan muerto en su cumpleaños. Un maestro coordina sus nacimientos y muertes con el mes en que se celebra la Pascua como se nos dice que Isaac, otro patriarca, nació en Pascua.

Al morir en el aniversario de su nacimiento se dice que estos hombres vivieron "la medida completa" de sus años. En relación a este concepto, el Talmud cita el pasaje de las Escrituras: "Colmaré el número de tus días" (Éxodo 23,26). Muchos escritores han creído que los primeros cristianos fueron influenciados por estas tradiciones judías y las aplicaron a Jesús, sin embargo, esto no está claro. El Talmud data de cientos de años después del período que estamos examinando. Es imposible saber si los cristianos que estaban tratando de determinar la fecha del nacimiento de Jesús fueron influenciados por las tradiciones judías descritas anteriormente.

En cambio, existen algunos paralelismos entre lo que dijeron los rabinos sobre los patriarcas y lo que se encuentra en

---

19   Qiddushin 38a.
20   Babylonian Talmud Rosh Hashanah 10b–11a.

los cronólogos cristianos antiguos. Por un lado, parece que los cálculos sobre la concepción o el nacimiento de Jesús estaban conectados a creencias sobre cuándo ocurrió su muerte. De hecho, los primeros cristianos tenían como punto de partida algunos datos importantes sobre la época del año en que Jesús murió.

Cálculos cristianos primitivos

Cuando se trata de la fecha de la muerte de Jesús los Evangelios les proporcionaron algunos parámetros a los cronólogos cristianos primitivos. Según los escritores del Nuevo Testamento, primero Jesús fue crucificado durante la semana de la Pascua (Mateo 26,17–19; Marcos 14,12–16; Lucas 22,7–13; Juan 13,1–2)[21] cuya fiesta siempre ocurre durante la primavera; adicional, la Ley de Moisés estipula que la Pascua debe ocurrir el día quince del mes judío de Nisan (Éxodo 12,6) significando que la fiesta tenía que coincidir con la luna llena. En segundo lugar, Jesús murió el día antes del sábado, es decir, un viernes (Marcos 15,42; Lucas 23,54; Juan 19,31). En tercer lugar, dado que el ministerio de Jesús comenzó durante el decimoquinto año de César Tiberio (Lucas 3,1), su muerte tuvo que caer unos pocos años después de ese período. Basándose en toda esta información y utilizando cálculos complejos basados en los ciclos de la luna algunos primeros cristianos buscaron identificar la fecha precisa de la Pasión de Cristo.

La cronología cristiana más antigua que conocemos fue elaborada por el escritor Sexto Julio Africano del siglo III titulada *Chronographiae* que puede estar fechada en 221 d.C. El

---

21   Sobre la aparente tensión entre las cronologías sinóptica y joánica de la Pasión, véase Brant Pitre, *Jesus and the Last Supper* (Grand Rapids, MI: Eerdmans, 2015), 251–373.

texto original se ha perdido para nosotros pero es mencionado y citado por escritores posteriores. Los académicos han
intentado reconstruirlo basándose en estas otras fuentes.[22] En
general, se acepta que Africano fechó la resurrección de Jesús
el 25 de marzo del 31 d.C.[23] Es más, Africano también parece
haber colocado la concepción de Jesús el 25 de marzo, la fecha
que él creía que marcaba la creación del sol. Si esto es correcto,
hay buenas razones para pensar que colocó el nacimiento de
Jesús en diciembre, es decir, nueve meses después de que Africano pensara que había sido concebido.[24]

Aunque también existen diferencias, en las conclusiones
de Africano podemos detectar algunas similitudes con las tradiciones judías mencionadas anteriormente en el Talmud de
Babilonia. Como los rabinos creían que Moisés nació y murió
en el mismo mes, para Africano la concepción de Jesús (pero
no su nacimiento) está correlacionada con la fecha de su resurrección (no su muerte). Además, como el Talmud conecta
los nacimientos y muertes de Abraham y Jacob con el mes de
la creación, Africano vincula la concepción y resurrección
de Jesús con la creación.

Complicaciones en los cálculos

Sabemos que calcular el nacimiento de Jesús no fue un proceso sencillo. Sabemos que quienes hicieron tales cálculos se
encontraron con problemas y tensiones siendo esto evidente
en dos obras cronológicas tempranas, el *Canon* y el *Chronicon*,

---

22 Martin Wallraff, ed., *Iulius Africanus Chronographiae: The Extant Fragments*, trad. William
Adler (Berlin: Walter de Gruyter, 2007).
23 Alden A. Mosshammer, *The Easter Computus and the Origins of the Christian Era* (Oxford:
Oxford University Press, 2008), 406–7.
24 Véase C. Philipp E. Nothaft, "Early Christian Chronology and the Origins of the Christmas Date: In Defense of the 'Calculation Theory,'" *Questions liturgiques* 94 (2013): 247–65,
esp. 262–64.

que tradicionalmente se atribuyen a Hipólito, uno de los primeros teólogos cristianos. Incluso si no es su autor real, hay buenas razones para pensar que provienen de la misma mano.[25] El *Canon* y el *Chronicon* se basan en cálculos que trazan los ciclos de la luna. Teniendo en cuenta estas tablas lunares se ofrece una serie de eventos en una cronología que se remonta a la Creación. Se encontró un fragmento de dicho *Canon* inscrito en una estatua en Roma. La inscripción data del 222 d.C.

El *Canon* concluye que Jesús murió el 25 de marzo del año 29. Tertuliano, otro escritor cristiano del siglo II, también fija la Crucifixión en esta fecha.[26] Este acuerdo sugiere que la fecha había sido aceptada por al menos algunos cristianos.

Fijando la muerte de Jesús el 25 de marzo, es importante señalar que el *Canon* indica que la "génesis" de Jesús (griego: *génesis*) ocurrió el 2 de abril del 2 a.C. Si bien esto puede tomarse como una referencia a su nacimiento, podría referirse en cambio a su concepción.[27] De cualquier manera estos datos son significativos. Muestra que los cristianos antiguos no siempre sintieron la necesidad de correlacionar la fecha de la concepción o el nacimiento de Jesús con la de su muerte o resurrección. Entonces ¿por qué el 2 de abril? Según los cronogramas utilizados por el *Canon* el 2 de abril del 2 a.C. cayó durante una semana de Pascua, por lo tanto, al igual que las tradiciones judías posteriores sobre los patriarcas, el *Chronicon* busca vincular los comienzos humanos de Jesús con un telón de fondo de la Pascua.

Hay otro dato que debe tenerse en cuenta. Un comentario sobre Daniel que se atribuye a Hipólito asigna el nacimiento

---

25 Para discusión y fuentes, vea Schmidt, "Calculating December 25," 546–47; T.C. Schmidt, *Hippolytus of Rome: Commentary on Daniel and 'Chronicon'* (Piscataway, NJ: Gorgias Press, 2017). El *Canon* no debe confundirse con el llamado *Canons of Hippolytus*, que contienen treinta y ocho decretos que se le atribuyen falsamente.
26 Tertuliano, *Against the Jews* 8.18.
27 Schmidt, "Calculating December 25," 547–52.

de Jesús al 25 de diciembre,[28] su autoría es objeto de debate, pero algunos creen que fue escrito por la misma persona que escribió el *Canon* y el *Chronicon*.[29] Si el comentario decía originalmente que Jesús nació el 25 de diciembre, sería nuestra fuente más antigua que data del nacimiento de Jesús hasta ese día. Esto, sin embargo, se debate.

La fecha del 25 de diciembre aparece en cinco de los seis manuscritos del comentario de Daniel, incluida nuestra primera copia. Sin embargo, en una versión se dan dos fechas: el 2 de abril y el 25 de diciembre. Algunos creen que el 2 de abril representa la fecha original del nacimiento de Jesús y que por lo tanto, la referencia al 25 de diciembre fue insertada en el documento por un escritor posterior, después de que la fiesta de la Natividad llegó a celebrarse en diciembre. Sin embargo, es igualmente posible que la fecha del 2 de abril se refiera a la *concepción* de Jesús y no a su nacimiento. En este escenario, no sería necesariamente un problema que aparezcan dos fechas. Además, si el texto decía originalmente que Jesús fue concebido en abril y nació en diciembre, esto podría significar que no se llegó a la fecha de diciembre simplemente porque se creía que Jesús fue concebido en marzo. Pero no tenemos idea de qué otros factores pueden haber llevado al autor a una fecha de diciembre.

Finalmente, se debe observar un último punto: los cálculos en el *Chronicon* no siempre se alinean con las cronologías provistas en la Biblia.[30] Por ejemplo, para mostrar que Jesús fue concebido (o nacido) durante el mismo mes en que Dios creó el mundo, el *Chronicon* debe contradecir aspectos tanto de la narrativa bíblica como del *Canon*. Entonces no parece ser el caso que las matemáticas fueran el único factor en la elección de ciertas fechas por parte del autor. Cuando miramos el trabajo de los cronólogos antiguos, vemos que dos fechas

---

28 Hipólito, *On Daniel* 4.23.3.
29 Mosshammer, *Easter Computus*, 121.
30 Para lo siguiente, consulte Schmidt, "Calculating December 25," 29–31.

continúan emergiendo como significativas: el 25 de marzo y el 25 de diciembre. Africano pensó que Jesús fue concebido y resucitó de entre los muertos el 25 de marzo. Tertuliano pensó que Jesús murió el 25 de marzo, una fecha que el *Canon* parece confirmar. Además, si Africano pensó que Jesús fue concebido el 25 de marzo, muy probablemente dio su nacimiento nueve meses después, el 25 de diciembre, el mismo día al que se asigna el nacimiento de Jesús en el comentario de Daniel. ¿Qué fue tan importante acerca de estas fechas? Su atractivo no es ningún misterio.

El solsticio de invierno

En el antiguo calendario romano el 25 de marzo marcaba el equinoccio de primavera, la época del año en que el día y la noche tienen la misma duración. ("Equinoccio" significa literalmente "noche igual"). El mismo calendario también colocó el solsticio de invierno, la época del año en que la luz del día comienza a aumentar en el 25 de diciembre. Los primeros cristianos encontraron gran importancia en estas fechas.

La creación del sol y la concepción de Cristo

Muchos antiguos escritores cristianos como Sexto Julio Africano creían que Dios creó el sol el 25 de marzo, el equinoccio de primavera. Su razonamiento se basó en las Escrituras. En el Génesis, la razón por la que Dios crea las luces celestiales, el sol, la luna y las estrellas, es para "apartar el día de la noche" (Génesis 1,14). Se asumió que cuando Dios dividió el día y la noche, los separó equitativamente. Dado que el día y la noche se dividen uniformemente durante el equinoccio de primavera, se creía que el 25 de marzo era el día en que Dios creó el sol y la luna. Por lo tanto, Africano y otros colocaron la concepción de Cristo en este día; así mismo, los comienzos terrenales de Jesús estaban relacionados con los del sol.

Pero ¿por qué conectar a Cristo y al sol? La asociación fue sugerida por las Escrituras.

Varios pasajes del Nuevo Testamento aplican imágenes del sol y la luz a Jesús. En Lucas, Zacarías habla de la obra de redención de Cristo como "una Luz de la altura" (Lucas 1,78). En Juan, Jesús dice: "Yo soy la luz del mundo" (Juan 8,12; 9,5; cfr. Juan 1,4–5, 7–9). En el Apocalipsis, Juan tiene una visión de Jesús cuyo rostro "como *el sol cuando brilla con toda su fuerza*" (Apocalipsis 1,16).

Los primeros cristianos leyeron el Nuevo Testamento a la luz del Antiguo Testamento. Dada la aplicación que hace el Nuevo Testamento de las imágenes del sol a Jesús, se consideró que una profecía del libro de Malaquías apuntaba a Cristo:

> Pero para vosotros, los que teméis mi Nombre, brillará *el sol de justicia* con la salud en sus rayos. (Malaquías 4,2)

Muchos de los primeros escritores cristianos creían que el "sol de justicia" era una referencia a Cristo.[31] Esto influyó en el pensamiento cristiano sobre cuándo fue concebido Jesús.

Además, al conectar la concepción de Jesús con la creación del sol, los primeros cristianos estaban señalando nuevas esperanzas de creación; la concepción de Jesús marcó el comienzo de una nueva creación.

La Navidad y el solsticio de invierno

No es de extrañar entonces que el 25 de diciembre se convirtiera en una fecha popular para el nacimiento de Jesús. La fecha funcionó bien con el solsticio de invierno. Se entendió

---

31 Clemente de Alejandría, *Exhortation to the Heathen* 11; Orígenes, *Homilies on Leviticus* 13.2.1.

que Jesús, el "sol de justicia", nació en el mismo momento
en que la luz del sol comienza a "crecer". Así como el equinoccio de marzo fue un escenario apropiado para la concepción
de Jesús, también el solsticio de invierno fue visto como un
momento apropiado para marcar el nacimiento de Jesús.

Trabajos posteriores desarrollaron aún más estas imágenes.
Si la concepción de Jesús tiene lugar el 25 de marzo, siguiendo
la cronología de Lucas, Isabel habría concebido a Juan el
Bautista seis meses antes. Por lo tanto, el nacimiento de Juan
podría estar vinculado al 24 de junio, que es el solsticio de
verano. Es en esta época del año cuando la duración de los días
disminuye. El simbolismo estaba relacionado con lo que dice
Juan el Bautista acerca de Jesús: "Es preciso que él crezca y que
yo disminuya" (Juan 3,30).

Parece entonces que los cristianos se sintieron atraídos a
celebrar la Natividad el 25 de diciembre debido al simbolismo
que evocaba el solsticio de invierno. Al celebrar la natividad
en este día, los cristianos estaban haciendo una declaración: el
significado de la creación se encuentra en última instancia en
Cristo. Por supuesto, al elegir esta fecha para recordar el nacimiento de Jesús, los cristianos hicieron una declaración audaz:
las interpretaciones paganas del universo son falsas: Jesucristo
es el verdadero Señor de la creación.

En la época de Agustín, el calendario de la Iglesia estaba
prácticamente resuelto. Aproximadamente en 420 d.C. Agustín escribe que Jesús "se cree que fue concebido el 25 de
marzo, y que también sufrió ese día... Pero la tradición dice
que nació el 25 de diciembre".[32]

Jerónimo, contemporáneo de Agustín, argumentaría que el
momento de las fiestas apunta a la verdad del Evangelio:

Incluso la naturaleza está de acuerdo con nuestra afirmación,
porque el mundo mismo da testimonio de nuestra afirmación.

---

32 Agustín, *On the Trinity* 4.2.9, trad. Edmund Hill (Hyde Park: New City Press, 1991), 159.

Hasta el día de hoy, la oscuridad aumenta; a partir de este día, disminuye; la luz aumenta, la oscuridad disminuye... Para nosotros hoy, nace el Sol de la Justicia.[33]

A partir de ese momento la identificación de Jesús con el sol encontraría expresión en los escritos y devociones cristianas. Por ejemplo, en la tercera estrofa del clásico villancico inglés "¡Hark! The Herald Angels Sing" que puede traducirse como ¡Escuchen! Los ángeles heraldos cantan, encontramos las líneas: "¡Salve, Príncipe de Paz nacido del cielo! *¡Salve el sol de justicia!*" Aquí la canción aplica inequívocamente la profecía del sol de Malaquías a Cristo.

El desafío del 25 de diciembre

Pero, la adopción del 25 de diciembre no vendría sin problemas. Algunos conversos paganos parecen haber conservado ciertas supersticiones asociadas con la adoración al sol; a mediados de los años 400, León Magno habla de aquellos que todavía rinden homenaje al sol naciente en lo alto de los escalones de la Basílica de San Pedro.

Antes de entrar en la basílica del Beato Apóstol Pedro... cuando ya han subido los escalones... se vuelven y se inclinan hacia el sol naciente y con el cuello encorvado rinden homenaje a su brillante orbe. Estamos llenos de dolor y disgusto por que esto suceda.[34]

Al poner la fiesta de la Natividad en una fecha de importancia cósmica, el cristianismo estaba haciendo una afirmación audaz:

33 Jerónimo, *Homily* 88, trans. Sr. Marie Ligouri Ewald, in *The Homilies of Saint Jerome (Homilies 60–96)* (Washington, DC: Catholic University of America Press, 1966), 226–27.
34 León Magno, *Sermon* 22.6, in *Nicene and Post-Nicene Fathers: Second Series*, 12:140.

la creación apunta a Cristo. Pero esto también dio lugar a mal-
entendidos. En otro sermón, el propio León Magno dice:

> Las mentes sencillas son engañadas por algunos que tienen la
> perniciosa creencia de que nuestra celebración de hoy parece
> derivar su alta posición, no del nacimiento de Cristo, sino de,
> como dicen, la salida del "sol nuevo". Los corazones de estas
> personas están envueltos en enormes sombras y lo están…
> aún seducido por los más estúpidos errores paganos.[35]

La Iglesia probablemente no eligió el 25 de diciembre simplemente para contrarrestar el culto al *Sol Invictus*. La mejor
evidencia sugiere que las piezas para la fecha de nacimiento de
Jesús el 25 de diciembre ya estaban en su lugar a fines de los
años 200, mucho antes de que haya evidencia de que una fiesta
en honor a un dios sol pagano tuviera lugar en esta fecha. Sin
embargo, el simbolismo del solsticio de invierno estaba ciertamente expuesto a ser malinterpretado.

Al celebrar la natividad cerca del solsticio de invierno, los
cristianos pudieron resaltar la forma en que Jesús cumple el
significado del cosmos. En esto vemos que, si bien la teoría
del cálculo se basa en pruebas sólidas, los aspectos de la teoría de la historia de la religión siguen siendo relevantes. Los
dos enfoques no son del todo incompatibles. El simbolismo
cósmico del equinoccio de marzo y el solsticio de diciembre
hizo que el 25 de marzo y el 25 de diciembre fueran extremadamente atractivos.

Aun así, al elegir el 25 de diciembre la Iglesia estaba selec-
cionando una fecha que podría malinterpretarse muy fácilmente. Hoy en día muchos cristianos a menudo se lamentan
de la "guerra" en la Navidad. La verdad es que la Iglesia dis-
paró la primera descarga. En última instancia, al celebrar el

---

35 León Magno, *Sermon* 27.4, in Roll, *Toward Origins of Christmas*, 154.

nacimiento de Cristo el 25 de diciembre, los cristianos proclamaron que, la historia del mundo se resume en Cristo.

Sin embargo, lo sorprendente fue que después del surgimiento del cristianismo, fueron ciertos cristianos autoproclamados quienes encabezaron el ataque para prohibir la celebración del nacimiento de Jesús el 25 de diciembre. ¿Cómo sucedió eso? La historia - y las lecciones que podemos aprender de ella-, son el tema de nuestro capítulo final. Como veremos, la celebración navideña moderna, incluida la prominencia de Santa Claus y los árboles de Navidad, está profundamente anclada en el simbolismo religioso.

12

"Ya comienza a parecer como Navidad": El desarrollo de la celebración navideña

La muy conocida canción "It's Beginning To Look a Lot Like Christmas", escrita en 1951 por Meredith Wilson, que en español podría leerse como "Ya comienza a parecer como Navidad", la letra nos dice cómo se "supone" que debe ser la temporada navideña:

> Ya comienza a parecer como Navidad
> Por donde quiera que vayas;
> Fíjate en el cinco-y-diez, brillando otra vez
> Con bastones de dulce y callejones de plata radiante.

Las líneas posteriores describen "un árbol en el gran hotel" y "el acebo que estará en la puerta de tu casa".

No hace falta decir que los cristianos antiguos habrían reconocido pocas de las cosas mencionadas en la canción de Wilson. Los árboles de Navidad y otras decoraciones similares ciertamente no se describen en las Escrituras. ¿Significa esto que son incompatibles con el mensaje de la Biblia?

¿De dónde vienen los árboles de Navidad? ¿Y cómo se convirtió San Nicolás en "Santa Claus"? Ningún libro de Navidad estaría completo sin una discusión sobre estas cosas. Aquí entonces ofrecemos una descripción general de la historia de la Navidad y las lecciones importantes que podemos aprender de la historia.

Navidad como época de festividad

A muchos cristianos no les gusta el saludo "felices fiestas" porque sospechan que está destinado a menospreciar el significado religioso de la Navidad, lo que a menudo se olvida es que el término "festividad" se deriva del término "día santo". Cualquiera que sea la intención detrás de esto, las "felices fiestas" no son *intrínsecamente* inapropiadas para los cristianos. Refleja una idea antigua, a saber, que *la Navidad está constituida por una serie de días santos en lugar de referirse a un solo día santo*. Como veremos, la noción de una "época navideña" se desarrolló poco después de que la Navidad fuera fijada el 25 de diciembre.

Los días santos de la época navideña

Como mencioné al comienzo del capítulo anterior, antes de que se adoptara ampliamente la práctica de celebrar el nacimiento de Jesús el 25 de diciembre, muchos de los primeros cristianos la celebraban el 6 de enero. Sin embargo, la decisión de marcar la natividad el 25 de diciembre, significaba que el 6 de enero podría centrarse más en la visita de los reyes magos. El 6 de enero eventualmente se conocería como la Epifanía (la "manifestación") de Jesús. Esta se convirtió en una fiesta importante en sí misma y también se asoció con el bautismo de Jesús y su primer milagro en las bodas de Caná (Juan 2,1–11). El 6 de enero incluso a veces se conoce como "la pequeña Navidad".

Entre el 25 de diciembre y el 1 de enero se fijaron otras varias fiestas importantes. El Concilio de Éfeso definió a María como la "Madre de Dios" en el año 431 d.C. Este título no pretendió indicar que María es una especie de "diosa" ni nada por el estilo, más bien, este reconocimiento trató de preservar la verdad de la identidad de Jesús como Dios; no solo como el Mesías, sino el Señor. A partir de aquí, los cristianos romanos comenzaron a marcar la maternidad de María el 1 de enero. Sin embargo, en España y en Francia el día se asoció con la circuncisión de Jesús, que Lucas nos dice que tuvo lugar en su octavo día de nacido, de acuerdo con la Torá (Lucas 2,21).

Como había ocho días entre el 25 de diciembre y el 1 de enero era natural celebrar la Navidad como una "octava", noción que tiene raíces bíblicas. La Ley de Moisés estipula que la Fiesta de los Tabernáculos debe durar ocho días (Levítico 23,36), dado que la Pascua también se celebraba con una octava, era natural hacer lo mismo para la fiesta de la natividad de Cristo.

Además los tres días posteriores al 25 de diciembre se convirtieron en fiestas importantes por derecho propio. El 26 de diciembre la Iglesia celebró a San Esteban cuyo martirio se describe en el libro de los Hechos (Hechos 7,54–60). Juan el Apóstol fue honrado el 27 de diciembre y finalmente los "Santos Inocentes", es decir, los niños masacrados por Herodes (Mateo 2,16) fueron recordados el 28 de diciembre. La conexión entre estas fiestas y la Navidad no fue difícil de explicar. Los antiguos cristianos veían la muerte de los santos como la marca de su "cumpleaños" en la vida eterna. En el *Cronógrafo* en particular, la referencia al nacimiento de Jesús procede inmediatamente de una lista de nombres de mártires con sus "cumpleaños". La fuente indiscutible más antigua que identifica el 25 de diciembre como la fiesta del nacimiento de Jesús, por lo tanto, lo vincula al concepto de martirio. Además, la combinación de Esteban, el apóstol Juan y los Santos Inocentes llegó a ser considerada significativa por otra razón.

Aunque hay algunos testimonios contradictorios, el apóstol Juan llegó a ser recordado especialmente por morir de muerte natural. Según la tradición, esto solo sucedió después que sobrevivió a los intentos de ejecutarlo. Tertuliano informa por ejemplo que Juan sobrevivió milagrosamente a que lo metieran en una tina de aceite hirviendo,[1] otra historia cuenta cómo Juan bebió veneno y vivió.[2]

Entonces con el tiempo surgió una justificación para que la Iglesia recordara al Apóstol Juan y los Santos Inocentes junto con Esteban. Jacob de Voragine, un escritor medieval, lo expresó de esta manera:

> Hay tres tipos de martirio: el primero se quiere y se soporta, el segundo se quiere, pero no se soporta, el tercero se soporta sin querer. San Esteban es un ejemplo del primero, San Juan del segundo y los Santos Inocentes del tercero.[3]

En otras palabras, Esteban representa a los que derraman su sangre por la fe, Juan simboliza a los que están dispuestos a ofrecerse por Cristo pero que, sin embargo, mueren por alguna otra causa y los niños inocentes de Belén son un recordatorio de los que dan su vida por Cristo sin saberlo. Mientras la Iglesia contempla el "cumpleaños" de Jesús, los cristianos también reflexionan sobre las diversas formas en que los santos experimentan sus cumpleaños en la vida eterna.

Los doce días y los cuarenta días de Navidad

Entre el 25 de diciembre día de Navidad y la Epifanía del 6 de enero hay doce días. La Iglesia en Francia, por lo tanto, comenzó a enfatizar este período de tiempo como significativo.

---

1   Tertuliano, *Prescription against Heresies* 36.
2   *Acts of the Holy Apostle and Evangelist John the Theologians*, in *Ante-Nicene Fathers*, 8:560–62. Ver también Sean McDowell, *The Fate of the Twelve Apostles: Examining the Martyrdom Accounts of the Closest Followers of Jesus* (Farnham, UK: Ashgate Publishing, 2015), 152–56.
3   Jacob of Voragine, *The Golden Legend*, trans. William Granger Ryan, 2 vols. (Princeton: Princeton University Press, 1993), 1:50.

Hoy en día es especialmente conocido por la popular canción "Los doce días de Navidad". La canción original se refiere a dos tórtolas, que es el sacrificio ofrecido por la Sagrada Familia después del nacimiento de Jesús en Lucas (Lucas 2,24). Esto ha llevado a muchos a creer que los otros versículos de la canción también tienen un significado espiritual. Algunos incluso han afirmado que las imágenes codificadas de la canción fueron inventadas por católicos ingleses que usaron la letra para enseñar la fe en secreto durante tiempos de persecución, empero, no hay evidencia histórica que apoye esta teoría. Aun así, la canción ha popularizado útilmente la noción de que la Navidad es una *época*, en lugar de un solo día.

Finalmente, después de la Epifanía el 6 de enero, se celebra una fiesta navideña. Lucas nos dice que la Sagrada Familia vino al templo cuarenta días después del nacimiento de Jesús para ofrecer sacrificios en el templo. La Iglesia comenzó a celebrar el viaje de la Sagrada Familia al templo el 2 de febrero, cuarenta días después del 25 de diciembre. En el evangelio de Lucas, el episodio incluye una declaración del anciano Simeón de que Cristo ha venido como "luz" para los gentiles. (Lucas 2,32). Por lo tanto, se convirtió en una tradición distribuir velas bendecidas a los fieles en este día. Como resultado, se comenzó a conocer como la "Candelaria". Si bien técnicamente no es parte del tiempo litúrgico de la Navidad en la Iglesia, la celebración de la visita de la Sagrada Familia al templo puede considerarse parte del ciclo navideño, ya que cierra una serie de días festivos relacionados con la infancia de Cristo.

Celebrando la Navidad entre los antiguos paganos

Desde la antigüedad los cristianos marcaron la fiesta de la Natividad mientras que el mundo a su alrededor celebraba otras fiestas de invierno. Esto presentó desafíos.

La Navidad y las celebraciones invernales paganas

Como hemos visto, al elegir la fecha del 25 de diciembre la
Iglesia decidió conmemorar el nacimiento de Jesús durante
una época del año que ya estaba asociada con fiestas y celebraciones. Del 17 al 23 de diciembre Roma estaba inmersa en las
festividades de las Saturnales; además, los antiguos romanos
celebraban el día de Año Nuevo el 1 de enero con regalos y
fiestas. Los predicadores cristianos advertían a su gente que no
participaran en tales celebraciones que se caracterizaban por la
embriaguez y las supersticiones paganas.

Agustín, por ejemplo contrasta la conducta de los paganos
el día del Año Nuevo con la autodisciplina y las actividades
caritativas de la Iglesia:

> Dan regalos de Año Nuevo: ¡tú das limosna! Se entretienen
> con cánticos libertinos: ¡encuentra tu entretenimiento en las
> palabras de las Escrituras! Corren al teatro:[4] ¡vas a la iglesia! Se
> emborrachan: ¡practicas el ayuno! Si no puedes ayunar hoy, al
> menos come con moderación.[5]

Agustín continúa diciendo que los cristianos que participan en
las celebraciones paganas del Año Nuevo que estaban asociadas con el dios pagano Jano, estaban "quitando incienso de sus
corazones y colocándolo ante los demonios".

Yule y Navidad

Sin embargo, también se reconoció que la cultura pagana
necesitaba ser "bautizada". A finales de los años 500, nos
encontramos con otro Agustín que ahora es recordado como

---

4   Las producciones teatrales a menudo incluían representaciones inmorales y lascivas.
5   Agustín, *Sermon 17*, trad. Thomas Comerford Lawler, in *St. Augustine: Sermons for Christmas and Epiphany* (Mahwah, NJ: Newman Press, 1952), 151; Ligeramente adaptado.

"Agustín de Canterbury" (para distinguirlo del gran obispo de Hipona citado anteriormente). Este último Agustín fue un monje al que no se le permitiría permanecer aislado del mundo pues Gregorio Magno lo eligió para convertirse en el gran misionero de los anglosajones en el sureste de Inglaterra.

El historiador inglés Beda informa que Gregorio le dio a Agustín de Canterbury el siguiente consejo sobre cómo ayudar a los conversos paganos a abrazar el cristianismo. La cita es extensa pero importante de leer, ya que revela la percepción de Gregorio sobre los aspectos prácticos de la difusión del Evangelio:

> Los templos de los ídolos en esa nación no deben ser destruidos de ninguna manera, sino solo los ídolos que hay en ellos. Toma agua bendita y rocíala en estos santuarios, construye altares y coloca reliquias en ellos. Porque si los santuarios están bien construidos, es esencial que se conviertan del culto de los demonios al servicio del Dios verdadero. Cuando esta gente vea que sus templos no han sido destruidos, podrán desterrar el error de sus corazones y estar más listos para venir a los lugares con los que están familiarizados, pero ahora reconociendo y adorando al Dios verdadero... Es indudable que es imposible arrancar todo de una vez de sus mentes obstinadas: así como el hombre que intenta subir al lugar más alto, sube por escalones y grados y no por saltos.[6]

Muchos creen que la estrategia de Gregorio de adaptar las costumbres paganas tuvo implicaciones para la Navidad, los misioneros cristianos podrían infundir prácticas asociadas con los festivales paganos de invierno con un significado cristiano aunque el alcance de esta adaptación no está claro.

---

6   Gregorio Magno, *Ecclesiastical History of the English People* 1.30, trad. Judith McClure and Roger Collins (Oxford: Oxford University Press, 1969); Ligeramente adaptado.

Se cree que los europeos del norte, por ejemplo, celebraban una fiesta religiosa pagana llamada "Yule" que incluía suntuosas fiestas; muchos asocian que ciertas tradiciones navideñas tienen su origen en este festival, quizás la más conocida es la práctica de seleccionar y quemar un tronco (un "Tronco de Yule").

Los escritores del siglo XIX, especialmente los alemanes, destacaron las supuestas conexiones entre las celebraciones navideñas y las observancias precristianas anteriores. La razón por la que este enfoque era atractivo es porque promovía el orgullo nacionalista. Ahora nuestro conocimiento de las prácticas paganas precristianas en lugares como el norte de Europa es turbio. Estas sociedades eran a menudo analfabetas por lo que no disponemos de documentación histórica antigua sobre sus costumbres siendo difícil saber cuánta influencia real tuvieron estas prácticas paganas en la celebración navideña, en consecuencia los eruditos en la actualidad expresan más cautela sobre los enfoques que buscan arraigar las tradiciones navideñas en estos festivales paganos.[7] Independientemente, estas explicaciones han capturado la imaginación popular y continúan avanzando en el presente. Es así como el término "Yule" se ha convertido en sinónimo de Navidad. El villancico familiar "Ya llegó la Navidad", por ejemplo, incluye la frase "Vamos todos a cantar" que significa cantar con una voz plena y vibrante, cantar un himno de "Navidad" por consiguiente ahora se refiere a cantar un villancico.

La guerra en Navidad

Durante la mayor parte de la historia cristiana la noción de guardar la Navidad no fue controvertida. Sin embargo, lo que

---

7 Ver Joe Perry, "Germany and Scandinavia," en *The Oxford Handbook of Christmas*, ed. Timothy Larsen (Oxford: Oxford University Press, 2020), 446–47.

muchos podrían encontrar sorprendente es que la primera salva de la llamada "guerra en Navidad" no fue disparada por los no religiosos que objetaban el nacimiento de Cristo, sino por los cristianos. De hecho, como veremos, la forma actual de la celebración navideña es inexplicable sin este pasado.

Las objeciones de los puritanos a la Navidad

El líder inicial de la Reforma Protestante Martín Lutero, no solo aprobó observar la natividad de Jesús el 25 de diciembre sino que incluso escribió himnos y sermones dedicados a ella. Su afición por la Navidad era tan conocida que algunos le atribuyeron la práctica de decorar un abeto, que aunque no tiene ningún mérito histórico, refleja que Lutero era devoto a ese día.

De hecho otros protestantes se oponían firmemente a la Navidad, para muchos guardar los días santos representaba tendencias "papistas" residuales, ya que sus fechas habían sido prescritas por la tradición y las autoridades de la Iglesia, no por las Escrituras, además de que existía la preocupación de que la Navidad tuviera conexiones con las fiestas paganas. En la Edad Media, ciertas características de la fiesta romana de las Saturnales parecen haber continuado en Navidad de formas muy inapropiadas. Mientras que los amos servían a sus esclavos en la mesa durante las Saturnales en la antigua Roma, por ejemplo, la práctica de un "niño obispo" fue adoptada en ciertas ciudades cristianas yendo tan lejos como ponerle las ropas del obispo a un niño y permitirle dirigir ciertas actividades (aunque no misas) en las iglesias[8] cuya práctica podría deslizarse fácilmente hacia el reino de lo sacrílego.

La batalla por la Navidad fue aguda en la Inglaterra protestante donde los puritanos hicieron de la oposición a la Navidad

---

8   Nicholas Orme, *Medieval Children* (New Haven, CT: Yale University Press, 2003), 188.

un tema político central. En 1647, el Parlamento inglés abolió legalmente los días santos incluyendo la Navidad; aquellos que ignoraron el edicto y colgaron adornos navideños fueron arrestados. La celebración de la Navidad se vio a través de una lente política—se sospechaba que quienes lo hacían promovían una agenda "papista". Los puritanos que viajaron a América compartieron estos sentimientos, los colonos de Plymouth y Massachusetts prohibieron la Navidad a partir de 1659, aun cuando las penas fueron menos estrictas que en Inglaterra.

Para los habitantes de Nueva Inglaterra, la Navidad era temida por razones que iban más allá de las objeciones teológicas. En el año 1622 se asoció con el "mal gobierno" y el desorden cívico, de particular preocupación fue la forma en que había evolucionado el "wassailing", término que originalmente se refería a los buenos deseos. A primera vista, "wassailing" significaba ir de casa en casa, deseando lo mejor a los demás pero con el tiempo había tomado un giro oscuro.[9] Los juerguistas borrachos esperaban recibir algo (dinero, bebida, etc.) antes de irse a otra casa lo que vino con amenazas implícitas (y explícitas) como lo expresó una canción popular de wassailing:

Hemos venido aquí para reclamar nuestro derecho...
Si no abres la puerta,
Te acostaremos en el suelo.

En otras palabras, wassailing comenzó a parecerse a una extorsión, los informes involucraban historias de allanamiento de morada, asalto y otros delitos; todo esto, lamentablemente, se asoció con la Navidad.

No obstante, al final, la oposición de los puritanos a la Navidad no pudo durar, aunque sus esfuerzos dieron lugar a

---

9   Sobre este periodo, ver Stephen Nissenbaum, *The Battle for Christmas: A Social and Cultural History of Our Most Cherished Holiday* (New York: Vantage, 1997), 5–11.

expresiones más moderadas de alegría navideña, no pudieron superar su popularidad. En Inglaterra, finalmente se restableció la Navidad, asimismo, las leyes que prohibían la celebración de la Navidad en las colonias de América del Norte finalmente fueron revocadas.

El resurgimiento de la Navidad

Con todo, la medida en que se observaba la Navidad variaba de un lugar a otro. Muchas iglesias cristianas mantuvieron sus puertas cerradas el día de Navidad; algunos estadounidenses influyentes comenzaron a preocuparse por esto, entre ellos fue el destacado neoyorquino John Pintard (1759–1844). A Pintard le gustaban las fiestas y creía que la sociedad estadounidense necesitaba una celebración de invierno, él observó la Navidad, pero solo como un asunto privado y religioso pero como miembro fundador de la Sociedad Histórica de Nueva York expresó con frecuencia su deseo de recuperar las viejas costumbres, incluidas las que asociaba con la Navidad. Sus deseos fueron compartidos por uno de sus influyentes amigos: Washington Irving (1783–1859).

Irving fue el primer autor estadounidense en escribir libros que se convirtieron en best sellers en Inglaterra, como otros en sus círculos, estaba preocupado por la creciente brecha entre ricos y pobres en Estados Unidos. Junto con John Pintard pensó que aprovechar las tradiciones antiguas podría ayudar a abordar este problema.

En 1819 publicó un libro llamado *The Sketch Book of Geoffrey Crayon, Gent*, que incluía dos de sus historias más conocidas, "Rip Van Winkle" y "La leyenda del Jinete sin cabeza", en donde cinco de los capítulos del libro se centraron en la Navidad. Si bien su presentación incluyó elementos religiosos—por ejemplo, sus personajes reconocen que la fecha marca "el nacimiento de nuestro Salvador" e incluso asisten a los servicios de la iglesia—se le dio especial énfasis a la noción de la comida familiar de Navidad en el hogar siendo descrito como un evento excepcional y alegre. Irving recordó una antigua tradición inglesa en la que los ricos invitaban a los pobres a sus hogares el día de Navidad, esta práctica se estaba desvaneciendo en Inglaterra, pero Irving creía que podría ayudar a cerrar la brecha entre ricos y pobres. De alguna manera fue eficaz: sus historias ayudaron a eliminar la vergüenza protestante por celebrar la Navidad. Aunque su trabajo hizo poco para despertar preocupaciones más profundas por los pobres.

Charles Dickens fue influenciado por el trabajo de Irving pero encontró una manera de triunfar donde éste había fracasado. En su obra histórica *Un cuento de Navidad*, Dickens dio nombres y rostros a los menos afortunados, en Bob Cratchit y su hijo enfermizo Tiny Tim, humanizó a los débiles y oprimidos. Esta no fue una tarea difícil para Dickens quien bien sabía en qué consistía la difícil situación de los pobres. Los estudiosos han demostrado que *Un cuento de Navidad* refleja recuerdos de su propia infancia. Bob Cratchit es el empleado de Scrooge al igual que el propio padre de Dickens había trabajado como empleado. Cuando Scrooge despide a los que recaudan dinero para los pobres, él insiste cruelmente en que los asilos para los pobres y las cárceles de deudores "cuestan lo suficiente: y los que están mal deben ir allí". Lo que los lectores no supieron hasta que él murió fue que el propio padre de Dickens había sido enviado a prisión por deudas. La casa de los Cratchit era un piso de cuatro habitaciones ubicado en la ciudad de Camden, exactamente como el lugar que Dickens conoció en su niñez. Dickens pudo personalizar la experiencia de los pobres porque él mismo la había vivido.

La retórica despiadada de Scrooge puede parecer exagerada a veces, sin embargo, no estaba muy lejos de las cosas crueles que Dickens habría oído decir a la gente de su época sobre los pobres. En un momento, Scrooge insiste en que, si los pobres prefieren morir antes que ir a la cárcel, "es mejor que lo hagan y reduzcan el excedente de población". Como lo han señalado otros, Dickens hace que Scrooge exprese aquí un sentimiento infamemente articulado por Robert Malthus (1766–1834) que en su trabajo advierte sobre el problema de la superpoblación argumentando inquietantemente que, dado que los recursos del mundo no pueden sostener a sus pueblos, sería mejor que los pobres y los enfermos se enfrentaran a una muerte prematura.[10]

Mientras que Irving había presentado una visión del "pasado de la Navidad", Dickens mostró lo que podría ser en el presente. Y aunque su enfoque principal no fue la historia del nacimiento de Cristo, tampoco fue una visión puramente secular de la temporada. Scrooge es presentado como un "viejo pecador codicioso" que necesita la salvación pero la redención no puede tratarse simplemente de una transformación personal; debe incluir buenas obras hacia el prójimo.

Vale la pena destacar una escena especialmente conmovedora. Tiny Tim le dice a su madre que espera que la gente lo vea en la Iglesia porque

podría ser agradable para ellos recordar el día de Navidad,
[el que] hizo caminar a los mendigos cojos y a los ciegos ver.

La escena se basa implícitamente en las enseñanzas de Jesús. Como dice en el Evangelio de Mateo, cuidar de los pobres no es simplemente un acto de caridad; es reconocer que Cristo se encuentra en "estos hermanos míos más pequeños" (Mateo 25,40). Para Dickens, mostrar bondad a los pobres era más que trabajo social; se trataba de aprender a reconocer a Cristo

---

10 Ver Carlo DeVito, *Inventing Scrooge: The Incredible True Story behind Dickens' Legendary "A Christmas Carol"* (Kennebunkport, ME: Cider Mills Press, 2014), 71–73.

en "el más pequeño de estos". Renunciar al llamado de Cristo para reconocerlo en los pobres era ser como Scrooge, un nombre que evocaba la estirpe puritana. La Navidad era el momento ideal para mostrar generosidad a los pobres. ¿Quién podría protestar?

Dickens enhebró con éxito la aguja: explicó por qué la Navidad era necesaria en el cristianismo protestante, aun así, quedaba un último vestigio de "papismo", que neoyorquinos como John Pitard y Washington Irving querían traer de vuelta: un santo patrón. Cerramos este libro entonces con una discusión sobre cómo San Nicolás se transformó en Santa Claus.

Cómo San Nicolás se convirtió en Santa Claus

Para algunos cristianos Santa Claus es un problema pues representa la llamada "Navidad secular" que socava el verdadero significado de la temporada. La realidad, sin embargo, es que tiene sus raíces en un santo de la Iglesia primitiva. ¿Cómo se convirtió San Nicolás en Santa Claus y cómo se convirtió Nicolás en el "santo patrón" de la Navidad? La historia sirve como una forma adecuada de terminar nuestra discusión sobre la Navidad.

San Nicolás de Myra

Si bien muchos han dudado de su existencia histórica, estudios más recientes muestran que hay buenas razones para creer que San Nicolás fue una persona real.[11] Los primeros relatos

---

11 Para un estudio serio ver, Adam C. English, *The Saint Who Would Be Santa Claus: The True Life and Trials of Nicholas of Myra* (Waco, TX: Baylor University Press, 2012).

escritos de su vida, al menos los que aún existen, fueron documentados cientos de años después de su muerte y utilizan una gran cantidad de licencia poética. También es evidente que los escritores lo confundieron con otra persona, Nicolás de Sion, que nació unos doscientos años después que el Nicolás que se conoció como Santa Claus. Aquí podemos enunciar brevemente lo que los historiadores pueden decir con confianza.

Alrededor del 260 d.C. Nicolás nació en Patara, una ciudad ubicada en lo que ahora es la nación de Turquía; luego pasó a ser ordenado sacerdote y finalmente, fue nombrado obispo de Myra, un importante puerto marítimo del Mediterráneo también ubicado en lo que hoy es Turquía.

No sabemos con certeza mucho más sobre el ministerio de Nicolás. Muchos creen que asistió al Concilio de Nicea en el año 325, aunque la evidencia de esto es incierta, otros tantos han oído que Nicolás golpeó al hereje Arrio durante los procedimientos del consejo, pero no hay evidencia confiable que respalde esto. La fuente que informa por primera vez sobre este episodio data de más de mil años después de la muerte de Nicolás. Es difícil pensar que los escritores anteriores lo sabían, pero no lo mencionaron. La afirmación de que lo ignoraron en silencio por vergüenza no es creíble; la historia fue contada para enfatizar la ortodoxia de Nicolás, sin embargo, a pesar de la falta de evidencia confiable, la historia continúa compartiéndose como un hecho histórico.

La difusión de la reputación de San Nicolás como dador de regalos

Una de las historias más famosas que se cuentan sobre Nicolás se encuentra en el relato más antiguo de su vida, escrito por Miguel el Archimandrita en los años 700. Sabemos que cuando era joven, los padres de Nicholas habían muerto. Eran de noble cuna y dejaron a Nicolás una gran cantidad de riquezas. Nicolás, sin embargo, está al tanto de las advertencias de las Escrituras sobre los peligros de las riquezas, vivió con sencillez y buscó formas de ayudar a los demás con su dinero y pronto encuentra una importante oportunidad para hacerlo.

Nicolás tenía un vecino que era un hombre virtuoso y la bondad del hombre enfurece a Satanás, "quien siempre guarda rencor contra aquellos que prefieren vivir una vida de acuerdo con Dios".[12] Por tanto, el diablo buscó una manera de llevar al hombre a la ruina espiritual; a través de sus diabólicas maquinaciones, el diablo orquesta una serie de eventos que hacen que el hombre quede desamparado. Se encontró con dos problemas. Primero, debido a no poder pagar sus dotes, no podía casar a sus tres hermosas hijas. En segundo lugar, no podía alimentarse a sí mismo ni a su familia. Al enfrentarse a la inanición, el hombre finalmente se ve llevado a su punto de ruptura. Empieza a considerar la posibilidad de cometer un pecado grave; piensa en vender a sus hijas a una vida de prostitución.

Cuando Nicolás se entera de esta situación decide usar su propia herencia para rescatar al hombre del pecado y salvar a sus hijas de una vida de esclavitud. Durante la noche, Nicolás se acerca a la casa de su vecino y lanza una bolsa con monedas de oro por la ventana. Al darse cuenta de lo que alguien ha hecho por él, el vecino inmediatamente arregla el matrimonio de su primera hija. Nicolás arroja otra bolsa de oro a la casa del hombre la noche siguiente y una vez más, el hombre actúa y encuentra un marido para su segunda hija. Luego le pide al Señor que lo ayude a descubrir la identidad de su misterioso benefactor. A la siguiente noche el hombre se queda despierto,

---

12   Miguel el Archimandrita, "The Life of St. Nicholas the Wonderworker," trans. John Quinn, St. Nicholas Center (website), 2008, https://www.stnicholascenter.org/who-is-st-nicholas/stories -legends/classic-sources/michael-the-archimandrite.

esperando a ver si su patrón anónimo regresa. Cuando Nicolás arroja una tercera bolsa a su casa, el padre sale corriendo y lo persigue. Al reconocer a Nicolás, el hombre cae a los pies del santo agradeciéndole y alabando a Dios por obrar a través del él. Nicolás le dice al hombre que no revele su generosidad a los demás.

Los relatos posteriores del acto de bondad de Nicolás incluirían detalles familiares. Por ejemplo, en una historia, las bolsas de dinero que Nicolás arrojó a la casa aterrizaron en los zapatos de las niñas. Otro relata que antes de que Nicolás visitara la casa, las niñas habían colgado sus medias mojadas junto a la chimenea para secarlas y cuando llega Nicolás las ventanas están cerradas y por eso arroja las bolsas por la chimenea, como era de esperarse, aterrizan en las medias de las niñas.

Dado que Myra era una ciudad portuaria la reputación de San Nicolás se extendió rápidamente. Los marineros llegaron a depender de su intercesión. Antes de su época, el nombre *Nikolaos* es prácticamente desconocido, después de los años 300, está bien documentado (al igual que sus derivaciones). Parece que muchos se inspiraron a nombrar a sus hijos como el gran santo de Myra. A fines de la Edad Media, Nicolás era conocido en toda la cristiandad y su fiesta llegó a celebrarse el 6 de diciembre.

Su ejemplo de generosidad inspiró la práctica de dar regalos el día de su fiesta;[13] en la década de 1100, las monjas francesas tomando a Nicolás como modelo, comenzaron a dejar regalos para los niños pobres en sus hogares el 6 de diciembre, firmándolos con el nombre del santo. Los padres holandeses y alemanes comenzaron a dejar golosinas para sus pequeños en sus zapatos o medias. San Nicolás — y más tarde "Santa Claus" —se convirtió en una gran manera de encubrir

---

13 Para lo que sigue, vea Adam C. English, "St. Nicholas to Santa Claus," en Larsen, *Oxford Handbook of Christmas*, 253–54.

a quienes deseaban dar de la manera que Cristo ordenó: "Tú, en cambio, cuando hagas limosna, que no sepa tu mano izquierda lo que hace tu derecha, así tu limosna quedará en secreto; y tu Padre, que ve en lo secreto, te recompensará." (Mateo 6,3–4).

Santa Claus viene a la ciudad

Ahora, con la Reforma Protestante, la práctica de honrar a santos como Nicolás se consideró inapropiada en países no católicos. Aun cuando el libro de Apocalipsis contiene una visión de los que están en el cielo ofreciendo a Dios las oraciones de los que están en la tierra (Apocalipsis 5,8), pedirle a los santos en el cielo que intercedan en favor de los que están en la tierra se consideró teológicamente incorrecto. Entonces ¿cómo se convirtió Nicolás en "Santa Claus"?

Una vez más, entra el influyente neoyorquino John Pintard quien buscando una manera de reenfocar las celebraciones navideñas en la caridad y la bondad en lugar de una fiesta estridente promovió a San Nicolás en el banquete de 1810 de la Sociedad Histórica de Nueva York, que tuvo lugar el 6 de diciembre. La noche se abrió con un brindis por "Sancte Claus". Después de este evento, el perfil de Nicolás en Nueva York comenzó a elevarse. Apenas dos semanas después de la gala, apareció un poema en un periódico de Nueva York sobre el santo, se presentó como la descripción que un niño hizo de él llamándolo "Sancte Claus" y se le identificó como aquel que premia a los buenos niños. Una línea del poema dice: "Por el comportamiento travieso siempre nos abstendremos / Con la esperanza de que vengas a recompensarnos de nuevo".

Cuando el amigo de Pintard, Washington Irving, escribió su tremendamente popular historia ficticia de Nueva York, conocida como "*Diedrich Knickerbocker's History of New York*"

(1809), convirtió a Nicolás en el santo patrón de la ciudad.
En el relato fantasioso de Irving sobre la fundación de Nueva
York, los colonos holandeses llegan en un barco con la imagen
del santo. En la edición revisada del libro publicado en 1812,
el santo se aparece a un holandés llamado Van Cortland en
un sueño:

> Y cuando San Nicolás hubo fumado su pipa la enrolló en la
> banda de su sombrero y, poniendo su dedo al lado de su nariz,
> dirigió al asombrado Van Cortland una mirada muy signifi-
> cativa, luego, subiendo a su trineo, regresó sobre las copas de
> los árboles y desapareció.

Aquí se pueden ver elementos que se convertirían en centro
para las representaciones de Santa Claus.

En 1823, *The Sentinel*, un periódico de Troy, Nueva York,
publicó un poema que había recibido de un autor anónimo.
Aunque originalmente se tituló "Un relato de una visita de
San Nicolás", hoy en día se lo conoce más comúnmente por
su primera línea: "Era la noche antes de Navidad". La pieza
presentaba una imagen de San Nicolás que incluía elementos
tomados de otros escritores como Irving. Llegó a atribuirse
a Clement Clarke Moore (1779–1863), un rico patricio de
Nueva York que era un erudito bíblico y profesor de hebreo.
Moore también era amigo de Pintard e Irving. Después de
años de ser el autor de quien se rumoraba lo había escrito,
Moore finalmente lo reconoció. Sin embargo, algunos ahora
creen que fue escrito por un holandés estadounidense llamado Henry Livingston (1748–1828), quien publicó otras
piezas anónimas que se asemejan a "Era la noche antes de
Navidad".[14] Livingston murió antes de que Moore aceptara
su autoría. Independientemente de quién lo haya escrito,

---

14   Véase ibid. 258–59.

el relato jugó un papel clave en la transformación cultural de la Navidad en Occidente, comenzando con Estados Unidos.

Los escritos de Irving habían ayudado a despejar el camino para reinventar cómo deberían concebirse las festividades navideñas. En lugar de celebrarse principalmente en "las calles y tabernas", la Navidad se estaba asociando ahora con "el corazón y el hogar".[15] El poema sobre la visita de San Nicolás en Nochebuena cimentó la sensación de que el día se observaba mejor disfrutando del calor de la chimenea y en compañía de una inocencia gozosa que con juerguistas alborotadores.

Por supuesto, una característica clave del poema fue que Nicolás trajo regalos no el 6 de diciembre sino la víspera de Navidad. Esto impulsó otro cambio. Mientras que antes se consideraba que el día de Año Nuevo era el momento de la entrega de regalos, ahora la Navidad asumía esa posición. Santa Claus ofreció mucho para aquellos que deseaban dar en secreto como Cristo mandaba. Es así como un historiador resume la actitud: "Dar de manera cristiana es ser un Santa secreto".[16] Como era de esperarse, fueron las *iglesias* y no las tiendas donde las apariciones de Santa Claus se hicieron populares por primera vez, de hecho, para encontrar un disfraz de Santa Claus había que pedirlo a través de una empresa de suministros religiosos.

Por supuesto, el poema también resultó especialmente atractivo para los minoristas, particularmente útil para ellos fue esta línea sobre San Nicolás: "Un bulto de juguetes que se había echado a la espalda / Y parecía un vendedor ambulante que acaba de abrir su paquete". Los buhoneros no podían ser tan malos si el mismo San Nicolás podía contarse entre ellos.

---

15   Ibidem., 258.
16   Timothy Larsen, "Nineteenth Century," en *Oxford Handbook of Christmas*, 43. El resto de este párrafo está en deuda con su investigación.

En cuanto a su nombre había estado evolucionando durante algún tiempo. En 1773, el *Rivington's Gazeteer* mencionó el 6 de diciembre como el día de Nicolás "también llamado Santa Claus". En Alemania, se le conocía como "Kris Kringle", que se derivaba de *Christkindl*, el "niño Cristo". La tradición se atribuye a Martín Lutero, de quien se dice que alentó la idea de que el mismo Cristo vino con regalos en Navidad. Con el tiempo, el portador del regalo se convirtió en una especie de ángel o gnomo. En los Países Bajos, Nicolás se hizo conocido como *Sinterklaas*. En Inglaterra, lo llamaron "Padre Navidad".

Fueron los avisos publicitarios quienes ayudaron a estandarizar el nombre de "Santa Claus" así como su apariencia. A fines de 1800, hombres vestidos con trajes de Santa Claus tocaban las campanas en las aceras y atraían a los clientes a las tiendas; quizás el más famoso sea el uso que hace Coca-Cola de Santa Claus, a partir de 1931, las campañas de mercadeo de la empresa presentaban representaciones ahora icónicas de Santa dibujadas por Haddon Sundblom.

Reunidos alrededor del árbol con un santo

El poema sobre la visita nocturna de San Nicolás nunca menciona un árbol de Navidad, sin embargo, uno puede ver fácilmente cómo su popularidad ayudó a reforzar aún más la idea de que la temporada se celebra mejor en casa. Como San Nicolás el árbol también tiene orígenes religiosos, contrariamente a la opinión popular, el historiador David Bertaina muestra que la práctica de decorar árboles para Navidad probablemente no tiene sus inicios en prácticas paganas.[17] Parece más

---

17 Ver David Bertaina, "Trees and Decorations," en Larsen, *Oxford Handbook of Christmas*, 265–76.

bien probable que la costumbre se desarrolló a partir de obras de teatro medievales que dramatizaban historias bíblicas. En estas representaciones, a menudo se usaba un árbol para simbolizar tanto la caída de la humanidad en el jardín como la redención del mundo que tiene lugar a través de la Cruz de Cristo, entendida como el verdadero "árbol de la vida". Parece que los gremios que patrocinaron estas obras lo hicieron para elevar su perfil y usaron árboles decorados para su promoción. En la década de 1400, el simbolismo se desarrolló aún más; los árboles estaban decorados con manzanas (símbolo de la caída) y hostias (para representar la Eucaristía).

Tenemos evidencia de que la gente comenzó a usar árboles para la decoración del hogar en Navidad en la Alemania del siglo XVI donde también las iglesias empezaron a usarlos. La familia real inglesa adoptó por primera vez el árbol de Navidad en los años 1800; su uso en hogares estadounidenses parece haberse desarrollado poco después. A medida que la Navidad se convirtió en una fiesta especialmente localizada en el hogar, el árbol de Navidad solo creció en popularidad.

Para algunos creyentes, como los protestantes puritanos de antaño, las características de la Navidad moderna como Santa Claus y el árbol de Navidad son necesariamente una distracción del misterio central que la temporada debe honrar, el nacimiento de Cristo el Señor. Irónicamente, fueron en gran parte protestantes como John Pintard y Washington Irving quienes ayudaron a convertir a este obispo cristiano primitivo en una parte prominente de las costumbres navideñas de Occidente tal como las conocemos hoy. Estos hombres fueron responsables de ayudar a una cultura protestante a abrazar una fiesta que muchos creían que era contraria al cristianismo bíblico. El atractivo del buen San Nicolás era demasiado para resistir las tendencias anticatólicas, sin un ejemplo concreto de bondad, la forma de celebrar la Navidad correctamente seguía siendo peligrosamente abstracta.

Aunque el misterio de la natividad de Cristo es como hemos visto en última instancia, sobre la redención del mundo, a José se le instruye que nombre al niño Jesús porque "él salvará a su pueblo de sus pecados" (Mateo 1,21). La salvación, como explico en mi libro anterior *Salvation: What Every Catholic Should Know*, es más que simplemente la liberación de la humanidad del infierno por parte de Dios. Más bien, se trata de volverse conforme "a la imagen de su Hijo" (Romanos 8,29). En el Nuevo Testamento, la humanidad se redime uniéndose a Cristo y transformándose en el proceso. San Nicolás representa aquello para lo que nació el Salvador en los hijos caídos de Adán.

En la historia del famoso acto de caridad del santo el hombre salvado por la generosidad de Nicolás dice lo siguiente: "Si nuestro Maestro común, Cristo, no hubiera movido tu bondad, hace mucho tiempo que hubiéramos destruido nuestras propias vidas por un vergonzoso y destructivo sustento". En Navidad celebramos al que nació para morir en un árbol para que la bondad se convierta en una realidad en nosotros. Estamos invitados al mayor regreso a casa de todos - estamos unidos para ser parte de la familia de Dios en el Hijo Divino, reunidos "alrededor de su Virgen", José y los demás santos. El recuerdo de Nicolás evoca que nos es posible llegar a ser como Cristo. Antes de reunirnos alrededor del árbol de Navidad, reunámonos también con Cristo en la celebración de la Iglesia donde con santos como Nicolás, oramos para aprender a entregarnos por el don de su gracia, cantando su alabanza en los himnos familiares que todos conocemos: "Venid, adorémosle / Cristo el Señor".

Agradecimientos

Me gustaría ofrecer unas breves palabras de agradecimiento a las personas que estuvieron especialmente involucradas en ayudarme mientras escribía este libro. Por supuesto, todas las deficiencias del libro deben atribuirse solamente a mí. No obstante, tanta gente hizo que este libro no solo fuera posible sino que fuera mucho mejor de lo que hubiera podido ser de otra manera. Primero, doy gracias a John Cavadini por el hermoso prólogo.

Segundo, expreso mi gratitud a todos en el Augustine Institute Graduate School que me han permitido llevar a cabo este proyecto, debo un especial agradecimiento al presidente Tim Gray por apoyar este periplo y por hacer algunas sugerencias que mejoraron la presentación del material. También debo mencionar a Christopher Blum que, sin su apoyo como decano, este proyecto nunca hubiera sido posible. Además, estoy muy agradecido con mis colegas de la facultad por las numerosas conversaciones que dieron forma al contenido de este libro de manera importante: Mark Giszczak, Ben Akers, Elizabeth Klein, Scott Heffelfinger y Lucas Pollice. Estoy agradecido con Jim Prothro y Daniel Moloney, quienes también leyeron varios capítulos y ofrecieron comentarios y sugerencias editoriales muy interesantes.

Sobremanera debo agradecer a Mark Middendorf por su increíble apoyo y su ayuda vital en el proceso de darle nombre al libro. Agradezco también a Joseph Pearce por su excelente trabajo como editor; a Kris Gray, Julie Musselman, Dennis

McCarthy y Susan Wood por toda su ayuda en este proyecto. Finalmente, a Ben Dybas le agradezco la hermosa portada.

Estoy especialmente en deuda con tres queridos amigos que estudiaron detenidamente todo el manuscrito, ofreciendo sugerencias invaluables: Brant Pitre, John Kincaid y John Sehorn que mejoraron profundamente este libro. Igualmente estoy especialmente agradecido con Brant por ofrecer su ayuda en un momento especialmente difícil.

Asimismo debo expresar mi gratitud al padre Andrew Younan, Thomas Harmon y Matthew Peterson por ser una caja de resonancia y por ayudarme a establecer el título del libro.

Por demás deseo agradecer al Padre Joseph Fessio y Mark Brumley por leer el manuscrito con atención y ofrecer observaciones que lo fortalecieron. Además, agradezco a otras personas de Ignatius Press que ayudaron a trabajar en este proyecto. Estoy muy agradecido también con Luis Soto por su trababjo arduo en terminar esta excelente versión en español del libro.

De igual modo agradezco a mis hermanos Noree, Tracee, Julia, Marita y Georgie por darme sus comentarios sobre varios aspectos del libro; lo propio ocurre con mi tío el padre Peter Irving y mis tías Rita Irving y Marty Irving. Por supuesto, mi amor por la Navidad se debe especialmente a toda una vida de celebrarla con ellos.

Estoy profundamente agradecido con mis hijos Michael, Matthew, Molly, Thomas, Susanna y Simon por toda su paciencia mientras trabajaba en este proyecto que implicó muchas noches en la oficina.

En especial tengo que agradecer a mi esposa Kimberly por apoyar este libro, haciendo innumerables sacrificios que me permitieron completarlo; entre otras cosas leyó con demasiada atención cada capítulo ofreciendo consejos vitales. Su fidelidad habla más elocuentemente de la verdad del misterio navideño de la Encarnación de lo que podría articular en un libro.

Finalmente, dedico este libro a mis padres Patrick y Theresa Barber quienes siempre me enseñaron cómo celebrar la Navidad de tal manera que su verdadero significado en Cristo fue siempre de suma importancia. En Cristo siempre estoy con ellos y en casa para Navidad.

ÍNDICE TEMÁTICO

ÍNDICE DE LA SAGRADA ESCRITURA